映画論叢 ㊿⑧

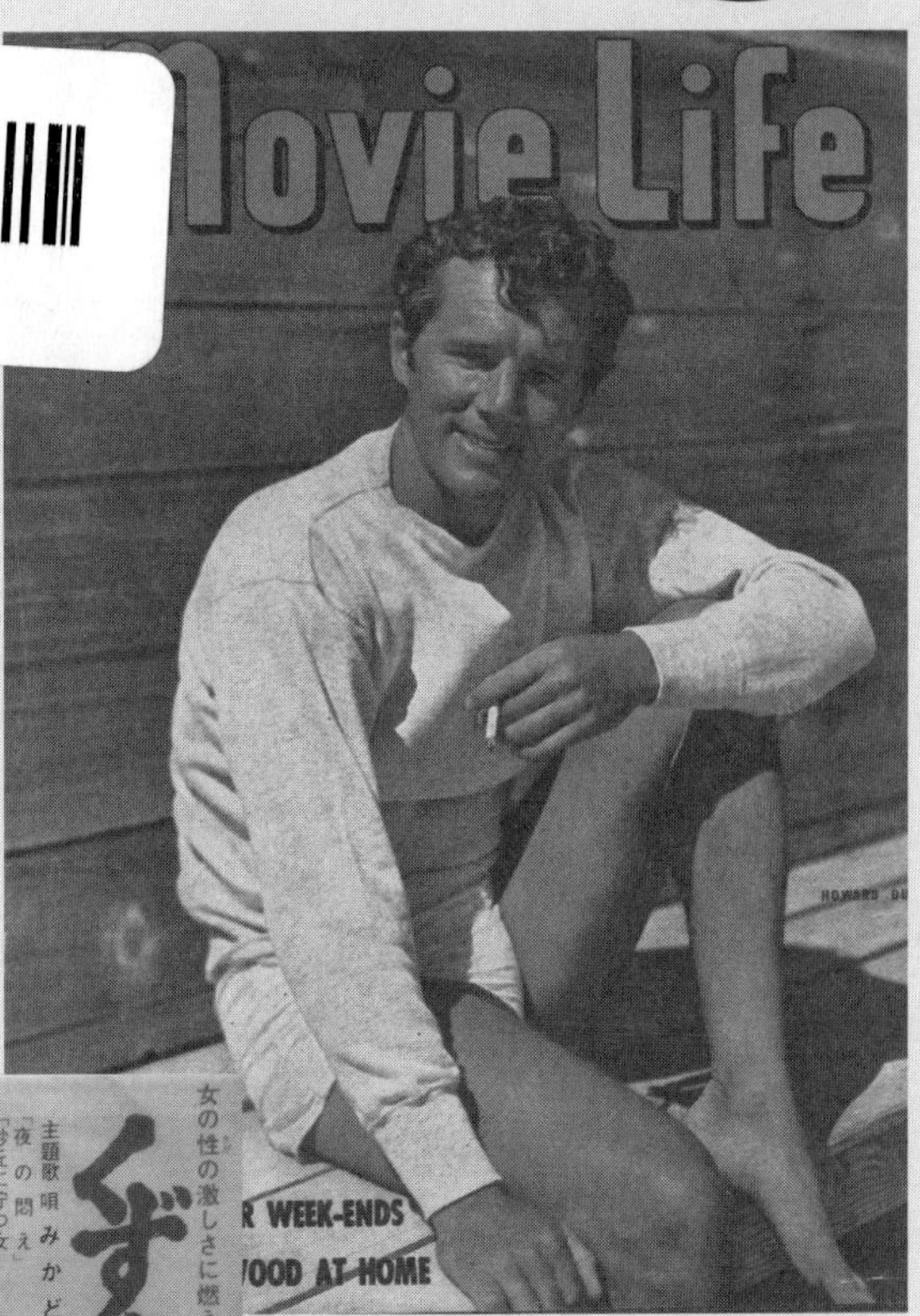

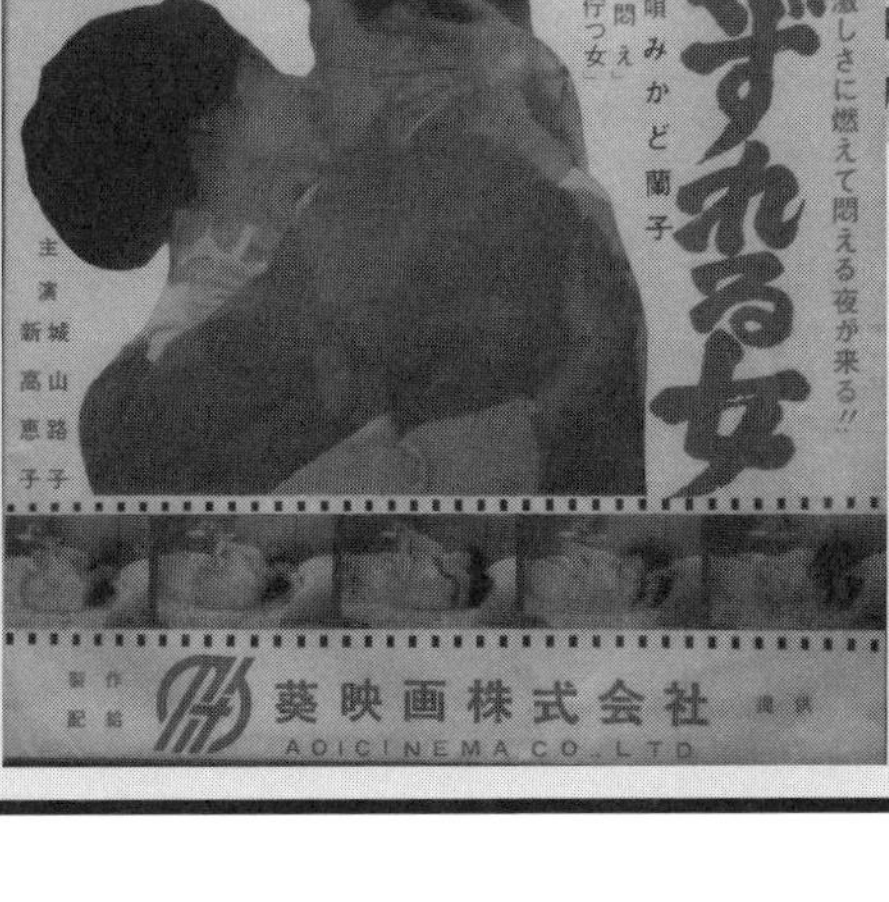

国書刊行会

映画論叢㊽もくじ

アイダ・ルピノ

パン猪狩、夫人と浅草・新仲見世を行く

松竹『白鷺三味線』。高田浩吉と淡島千景

表紙写真：『真昼の暴動』のハワード・ダフ（左）。バート・ランカスターと

扉写真：（上）ファン雑誌の表紙を飾るハワード・ダフ
（下）千葉高志監督『くずれる女』の宣伝用ソノシート。作曲・浅田純一郎（浅田憲司？）

すべらない話あれこれ　連載開始！　第一回
ポケットの奥のジョン・フォード

猪股徳樹

ケイトとメアリー

むかし、「ケンとメリーのスカイ○○○」という名車があったが、ここでは「ケイトとメアリー」について語りたい。まず始めに、ケイトとキティはキャサリーンのニックネームであることを知って欲しい。事は1935年の『男の敵』にまでさかのぼる。この作品で、密告されたフランキーにはメアリーという妹がいる。一方、友を警察に売ったジポーの情婦はキティことキャサリーンである。以下、順不同で拾い上げてみたい。

まずは『静かなる男』から。モーリン・オハラ演じるはメアリー・ケイト・ダナハー。メアリーとはフォードが長年連れ添った愛妻メアリー・マクブライド・スミスから取ったもの。キャサリーンはキャサリーン・ヘップバーンの事であると、孫のダンは祖父の秘密をバラしてしまった。キャサリーン・ヘップバーンは、フォードとは周波数がドンピタリ一致の心の友。本当はどんな関係なのかをほじるのは、主題から外れるので、掘らない事にする。さらに続けると『長い灰色の線』のモーリンはメアリーで、その友はキティ。『アパッチ砦』のオローク夫人はメアリーで、『黄色いリボン』ネイザンの亡き妻もメアリーで、「やあメアリー」と墓石に話しかける。『リオ・グランデの砦』のカービィの妻はキャサリーン。

劇中挿入曲は『君を連れて帰ろうキャサリーン』然り。『ギデオン』の警部の奥方はケイト。そして『バファロー大隊』のビーチャー女史はメアリーで、『若き日のリンカン』『モホークの太鼓』にもメアリーが。『最後の歓呼』の市長の亡き妻もケイト。何とトゥームストーンの女ボスもケイトなのである。『捜索者』の墓石にはメアリー・ジエーンと書かれている。物故者まで動員しているが、まだまだあるのだろう。

一般に公開され、映画史に残る作品群だが、この役名の付け方は、妻と愛人への点数稼ぎと筆者は見た。この事を我々の世界では「公私混同」と呼ぶ。

あまたあるフォードに関する名著では扱われなかった楽屋話を「すべらない話」と称して、惜しみなく紹介したい。

『捜索者』にまつわる、すべらない話

本作品の舞台となった、エドワーズ家の入植地はテロップにもあったように、テキサスである。コマンチ族が闊歩しているからニューメキシコ準州に近いテキサスの西側あたりと想像できる。

イーサン（ジョン・ウェイン）の、兄弟の妻であるマーサ（ドロシー・ジョーダン）に対してあってはならない思慕の、心の整理を付けるために、カリフォルニアで何かを探す旅に出た。これは開戦の前である。たまたま旅先で南北戦争が勃発して、イーサンはテキサス人として南軍に入隊した。３年後に南部連邦は降伏したが、イーサンは故郷には帰らず、さらに3年の放浪を続けてから故郷に帰った。この3年間の説明をフォードは謎っぽく表現して、詳しい説明はしていない。つまりイーサンはカリフォルニアには行かず、まともな事はしていないのだ。南軍が降伏して一部の部隊は略奪団を編成した史実はある。イーサンはアーロンへ不在の詫びのしるしに、ズッシリした南部通貨と合衆国通貨の金貨を渡す。どうやって稼いだかの説明はない。結果は、アーロンたちは死んでしまって、イーサンのデビー（ナタリー・ウッド）捜索の運転資金に使われたようだ。

アーロンとイーサンの兄弟は、どちらが兄でどちらが弟か、多くの議論があった。本邦公開版の和訳の中にも、「お前は弟だから」とアーロンが、「狙われたのは俺の兄貴かジョーゲンセン（ジョン・クォーレン）だ」とイーサンが言っている。日本人の感覚では、家族や墓を

守るのが長男で、身勝手な風来坊は次男と決まっている。ご存知のように〝Brother〟には兄か弟かの区別はない。ジャーナリストのグレン・フランクルの著書『The Seachers』ではイーサンが兄と断じている。著者はジャーナリストとして、ニュージェントや原作者のルメイに取材を重ね、タップリと情報を仕込んでいる。書いた本人が「イーサンは兄」と言ったのなら、反論に意味は持たない。

デビーを拉致したスカー酋長（ヘンリー・ブランドン）率いるコマンチ族は、常に移動する部族である。そのためイーサンとマーティン（ジェフリー・ハンター）はスカーを5年間追い続けてやっとキャッチしたが、デビーを奪還は出来なかった。たまたまスカー部族がテキサスのこの地へ移動して来たので、テキサスレンジャー・クレイトン中隊14名とイーサンたちと騎兵隊のごく一部との混成隊で総攻撃をかけたのだ。

コマンチ族は、過酷な環境の中で子孫を維持させるため、積極的に他部族、他民族と交配したようだ。そのためには白人の子供を拉致してコマンチ化させる。本作品と『馬上の二人』は、拉致された子供が物語の主軸になっている。

イーサンはインディアンに異常な憎しみを抱いている。エドワーズ家の墓地には、イーサンの父と母が眠っている。そして母の墓石には「コマンチに殺された」と書いてあるが、その描写は一瞬である。

母親メアリーは41歳で死去したので、イーサンは15歳から20歳ぐらいか。コマンチへの憎しみの根源はここにあるのだろう。フォードはその一瞬の描写で憎しみの理由を説明してあるのだ。そして今度は仲の良いアーロンとその妻マーサが殺された。しかも強姦された上にだ。さらにはその子供たち3人は拉致されてしまった。長男にはイーサンは旅の土産にサーベルをあげた。そのサーベルを腰に差していたとすれば、まだ子供の長男は戦士として惨殺されたかも知れない。親、兄弟、姪、甥、3世代に渡ってコマンチに殺されて、二重、三重の憎しみの構造が出来上がってしまった男の物語である。この墓石にかかれている文字を記す。

ここに　眠る
メアリー・ジェーン・エドワーズ
1852年　5月12日　コマンチに殺された
良き妻で　良き母親だった
享年　41

エドワーズ家の墓石

　メアリー・ジェーンを見送ったのは、イーサンの父で「良き妻で、良き母親だった」と記しているが、後を追うように自分も死去したようで、夫婦の墓石が並んでいる。死因は説明されていない。

　拉致された3人の子供の救出のため、イーサンとマーティンとブラッド・ジョーゲンセン（ハリー・ケリーjr）の3人は長期戦覚悟の旅に出発する。イーサンにとって、姪の救出よりもマーサの仇討ちが真の目的なのだが、若い2人はイーサンの内心は知る由もない。イーサンは、拉致した子女をコマンチはどうするかを、もし連れ戻しても白人社会はその子女をどう扱うかを知り尽くしている。

　ジョーゲンセンの娘、ローリィ（ヴェラ・マイルズ）はマーティンを引き留めるために、あえて言う

「デビーはもう手遅れよ。どこへ(連れて来るの)？」

「何度も売り買いされた、コマンチの余りものよ」

「(イーサンが撃ち殺すことは)マーサの願いよ」

　イーサンは、デビー奪還の旅に出てから年月が経ち、すでにコマンチ化してしまったデビーを救出ではなく、抹殺してしまうのが正しい人の道だと思い始めた。その決定的な切り替わりは、ある砦で、救出されたが、完全に気が狂って、自我崩壊した白人女性を見たときだ。デビーもやがてはこうなり、コマンチの子供を産まされ、その子供が戦士になって白人を襲うのなら、自分の手で

デビーを殺してしまおうと決意したのだ。

　スカー達のキャンプに総攻撃をかけ、イーサンは自分の手でスカーを撃ち殺したかったが、先に潜入したマーティンが倒していた。その死体を見たイーサンは、ナイフを抜くやスカーの頭皮を剥ぎ取る。イーサンは5年間、想い描いてきたスカーの処刑を、イメージ通りに実行して、血の滴るスカーの頭皮を掲げた。マーサの仇を取ったイーサンは、次はデビーを始末しなければならない。イーサンにとってスカーたちの殲滅と、デビーの始末はまた別の話なのだ。イーサンは狂気の一歩手前だった。だがイーサンに捕まったデビーは白人としての尊厳を失ってはおらず、母親のマーサの面影を色濃くしていた。「何てマーサに似ているんだ」と、今やただ一人の血縁者となってしまったデビーを、イーサンは、幼いときにいつもやったように、高く抱き上げた。「家に帰ろう。デビー」

　ここに決して触れてはならない禁断の疑問点が残る。いつもの様にこの疑問点に突き当たり、消化不良を起こさせる。それは、何故イーサンはデビー救出に、自分の人生をかけたのか。ただの姪ではないか。マーサの仇討ちは理解できるが、この時代、最愛の人を殺された例はいくらでもある。もしかしてデビーは……。だが、禁断を打ち破ってまで仮説を述べるべきではない。ただこれほど奥が深く、人間の内面を暗示させる西部劇は他には無いだろう。

チャック・ヘィワード

さあ、もう一度再生ボタンを押そうではないか。

〈脇役紹介〉ジョン・フォード組へ初参加のジェフリー・ハンターはロケ地で合流するはずが、スケジュールの都合で、1週間ほど遅れてしまった。老練フォード監督は、河を挟んでコマンチとレンジャーが撃ち合うシーンを最初に撮り、ジェフリーの代役に、チャック・ヘィワードで撮影に入った。勿論、顔は写さないのだが、写ってしまった。誰かさんの股の間から見える、銃を撃っている男はチャックなのだ。ジェフリーの顔はスタジオで撮って、うまく繋いでいる。チャック・ヘィワードは正規にはテキサスレンジャーの隊員のキャスティングだが、もう一役、遅れて駆けつけた騎兵隊の中にもいる。

（いのまた・とくじゅ）

フヰルム温故知新㊱

『雷撃隊出動』

布村建

戦中製作の映画の多くは冒頭には「撃ちてし止まん」（古事記神武。敵を打ち破るまで戦う）のスローガンが一枚タイトルで登場する。同年の『加藤隼戦闘隊』（陸軍後援）も然りだが、本作にはなぜかない。現代戦争史の一端を体験し、いろいろ知っているつもりの世代にとっても、予備知識がなければ本作は戦後製作の映画に見えてしまう。

反東條映画

映画は雷撃の名手として知られる海軍兵学校（旧制中学卒後入学）同期の桜、母艦航空隊の艦上攻撃機（艦攻）天山隊の隊長である村上（河野秋武）、基地航空隊一式陸攻隊長三上（藤田進）、航空参謀の川上（森雅之）を中心に展開する。久々の再会を喜ぶ三人であったが、基地は空襲を受け、これを迎え撃つ航空機も不足している。空襲は激化する一方である。海軍は基地に待機していた母艦航空天山隊を機動部隊に戻し、基地航空隊と共同で総力をあげ反撃を挑むことになる。共に雷撃機を駆って敵機動部隊に突入散華、「軍神」に。

表向きは右の通り勇壮果敢映画なのだが、巧妙な隠された意図がみえる。

天山出撃。撮影は瑞鶴から

即ち「竹槍では勝てません、飛行機の増産を」という反東條映画、〝敗戦予告映画〟なのだ。

最終章。攻撃隊は一式陸攻隊も天山雷撃隊も全機未帰還になる。言葉を失った参謀、夜空をじっと見つめる司令官（大河内伝次郎）で終わる。海軍の協力を得られず苦労したという『ハワイ・マレー沖海戦』に比べればこちらは大本営海軍部の企画という、戦中劇映画では唯一の作品。開戦三周年記念映画として昭和一九年末に公開。撮影は夏までか？ 一式も天山も空母も実物が登場し、資料的価値も高い。

使用機とロケ地

前半の基地の様子は穏やかに過ぎていく。島の教会の讃美歌、首長との交流。士官用酒保…酒は飲めたが、次第に補給は絶えてメニューはほとんど「売り切れ申し候」となる。管理人は、きれいなおばさん時代の東山千栄子。椰子林が

基地航空隊。一式陸攻エンジン被弾

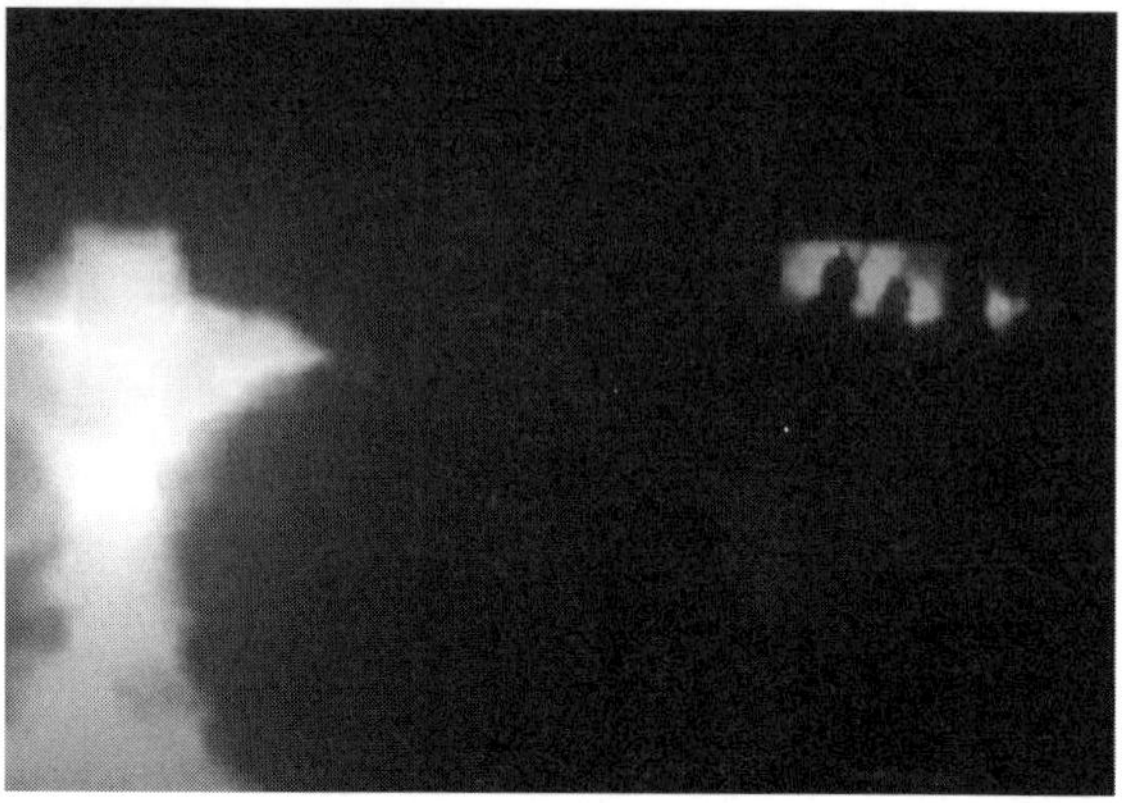

繁る海軍基地航空隊。常駐するのは一式陸攻とゼロ戦である。ロケ地は不明。

撮影は昭和一九年半ば。すでに南方の制海権はなくロケ可能な島嶼は限られている筈だ。カトリック教会（中はセット）があるところをみると設定は旧スペイン領、フィリピンのどこか？

しかし、昭和一九年、撮影隊がバーシー海峡を越えることは無理だ。のこる候補は台湾？。

戦局は次第に不利に。空襲も激しさを増す。双胴のP38。協会の祭壇が燃える。地下の退避壕はかなり立派である。戦闘指揮所、通信室も地下である。

迎撃したゼロ戦が落とされ、落下傘降下したとおもわれる米軍パイロットの捕虜。この訊問シーンが興味ふかい。捕虜の態度は堂々としていて黙秘をつらぬく。退室時廊下で鼻に親指を当て、手のひらを左右に振る（侮辱あるいは拒否の仕草）。訊問者も「生きて虜囚の辱めを受けず」などという戦陣訓による軽侮の姿勢をみせない。

ゼロ戦の空戦場面。機銃を撃ち尽くした機が二十㎜機関砲の銃弾を補給に着陸、整備兵が弾帯を肩に駆けつけるシーンがある。ゼロ戦アーカイブは多々あるも珍らしい場面である。

敵機動部隊発見の知らせ。空母からは天山隊が薄暮攻撃に発進。このシーンはたまたま内地に帰投していた「瑞鶴」である。既撮の日映ニュースフィルムか？。天山の後部席から撮った映像は見事である。尚、「瑞鶴」は公開時にはレイテ戦ですでに喪失。空母艦内撮影は呉停泊の「鳳翔」。多数の一式陸攻が出撃する大飛行場は撮影地不明。

天山は海面を這うように低空侵入。雨霰の機銃曳光弾。「テーッ」（撃て！）魚雷投下。空母の上をのりこえて反転退避。天山搭乗員の回想によると、射線を避ける工夫を様々するも輪形陣を突破し、魚雷投下することは至難であるという。

映画は両攻撃隊の戦闘クライマックスを迎える。天山隊は薄暮攻撃。ついで一式陸攻の夜間雷撃。三上機エンジン被弾、洋上不時着水の生還率は極小であった。三上は突入自爆を決意し、操縦席へ。このあたりの特撮の迫力はおもわず息をのむ。

米艦対空射撃はシンガポール近くのリンガ錨地の重巡「妙高」「足柄」を代用。戦中戦意高揚映画で本作ほど軍の協力を得た作品は類例がない。企画・大本営報道部の本気度が分かる。

「戦局ワレニ利アラズ」を国民に知

最終シーン。呆然と夜空を見る司令官

らせたい思いが伝わる。戦争の大義を訴えるでもなく、敵への憎悪をかきたてる場面もない。

時代の証言として

円谷特撮は前作同様、艦と波の波長、水柱気泡サイズ問題は未解決であるが、夜間戦闘シーン、特に炎上する一式陸攻と、その自爆突入シーンはお見事と言っていい。雷撃機天山の低高度侵入、魚雷投下、避退シーンもリアルだ。ただし、米艦がやたらに探照灯を駆使するのは誤りで、自艦の位置を暴露するようなことはあり得ない。米軍の対空戦闘はすでにレーダー射撃の時代である。司令部スピーカーが全機未帰還を伝える。参謀、司令ただ茫然で映画は終わる。前出、天山搭乗員はルソンの基地で本土から来た一式陸攻隊六〇機・四八〇名が翌日出撃全機未帰還になったと証言している。この時期に日本の勝利を信じていた海軍前線の搭乗員はおそらくいない。

戦中の山本嘉次郎作品ではこれが一番。藤田進は『ハワイ・マレー沖海戦』『加藤隼戦闘隊』（主演）にも出演しているが本作が一番。大河内司令官もいい。

この戦争は現在の視点からは日本史上の大きな誤りであったことは自明とはいえ、本作が戦争を是認し、死を美化した特攻賛美の先駆け、と安易に批判することは避けたい。こうした生き方、死に方があった時代の証言として観るべきではないだろうか?。

多くの海軍の航空基地には「南無八幡大菩薩」（八幡神は源氏の武神でもある）の幟が掲げられていた。本作でも幟や扁額が登場する。いざという時、人は心の支えとしてのシンボル・記号が必要なのだ。

（ぬのむら・けん）

参考まで　一式陸攻戦果

大戦中盤以降は、戦術を夜間爆撃、夜間雷撃に変更せざるを得なくなった。それでも、雷撃により、レンネル島沖海戦で重巡洋艦シカゴを撃沈、他重巡2隻、駆逐艦1隻に損傷を与え、他にもトラック島空襲の際に空母イントレピッドを大破、台湾沖航空戦でも重巡キャンベラを大破させるなどの戦果を挙げている。天山、大型艦撃沈の記録なし。

小林喜三郎と山川吉太郎⑭

興亡《国際活映》のトリセツ（下）

角筈撮影所・『寒椿』・井上正夫・水谷八重子

冬樹　薫

勃興す！　国際活映

またしても小林喜三郎が、天活を国活に吸収させた黒幕であった。

《興行界のジゴマを以て他からも推され、自からも任じて居る小林喜三郎は、今や破綻の岸に乗上げて了った。基の活躍の地盤たる小林商会は創立三ヶ月を出ずして金主大竹福太郎の為に実権を握られ、更に五ヶ月にして名実倶に全く奪去られ、遂に今日は荒畦霜満ちて鶏犬声悲しき揺落のドン底に落ちた》（原文のまま）

当時の業界誌は、小林商会の終焉を前文のように《揺落のドン底に落ちた。》と嘆いたが、小林喜三郎は不死鳥のように甦る。

『イントレランス』Intolerance 米・D・W・グリフィス作品　監督・D・W・グリフィス　主演・リリアン・ギッシュ　全五巻　豪壮なスケール、クロス・カッティング（交錯編集）の駆使で、高価な入場料（十円）に関らず、帝国劇場は連日満員の盛況を現出。小林は四十万円余の利益を得て、破産の淵から這い上がつた。

この資金で、天活の本社機構と巣鴨撮影所を買収。大正八年（1919年）十二月六日午後、鉄道協会に

於いて創立総会を開き無事成立。国際活映株式会社（略称国活）を設立した。席上の役員選定は次の通り。
《取締役》岡田文治、松尾寛三、シェーアールキリー、石田庄七、荻野芳蔵、桑山伊作、熊取谷七松、太田勇之進、小林喜三郎、関谷親次《監査役》菅原通敬、増田信一、鎌田勝太郎、岩崎清七、田畑健造

角筈撮影所建設地を訪問する新派俳優団一行。前列中央・田村宇一郎監督

◎会社概要
次の通り
《本社所在地》東京市京橋区上柳原町一番地（現在では、中央区築地六丁目辺り）《事業内容》映画の製作、輸入、配給《社長》岡田文次《常務取締役》小林喜三郎、関谷親次《資本金》一千万円《撮影所》東京府北豊島郡西巣鴨町（現・豊島区西巣鴨4丁目9番地1号）《第一回作品》『忍術四天王』監督・吉野二郎　撮影・枝正義郎　主演・沢村四郎五郎　12月29日浅草大勝館封切　旧天活仕掛作品、配給国活。

国活会社の新撮影地　角筈十二社

大正九年頭の国活作品は、後述の角筈撮影所が未完成であったから、既存の巣鴨撮影所で現代劇、時代劇が並行して撮影された。主なスタッフ・俳優等は、次の通り。

監督　吉野二郎　田村宇一郎
脚本　桂田阿弥笠
撮影　枝正義郎　大森勝　岡部繁之　江後岳翠　片岡清
俳優　沢村四郎五郎　市川莚十郎　藤野秀夫　小堀誠　葛木香一　高瀬実　大山武　川田喜美子　小松みどり

角筈撮影所の開設前、巣鴨撮影所の主な作品を次に挙げる。

『水戸黄門最後の漫遊』『雲隠才蔵と岩見重太郎』『田

宮坊太郎』『前田犬千代』『岩にせかれて』『幻影の女』（映画芸術協会）など

国活は前述の《事業内容》にあるように、映画の製作に並行して外国映画の輸入・配給にも注力した。当時は輸入外国映画の方が魅力的で、それだけ興行収入に占める割合が大であった。

例えば、『移りゆく胡蝶』リウ・コディ主演『悪魔の要求』早川雪洲主演『謎の女絵師』メー・マーシュ主演など。（大正八年国活輸入・提供・アメリカ映画）魅力溢れる画像とスターの饗宴が観客を動員、多大な興収を齎した。

この現象を《興行界のジゴマ》の小林喜三郎が、看過することがあろうか？　アメリカ映画に勝る純映画劇と輸出ヒルムを製作しよう。こうして、新撮影地と女優採用に向けて行動する。以下は、小林の言。

国活会社の新撮影地と女優採用に就いて

国活会社常務　小林喜三郎談

府下新宿十二社の新撮影地も四月初旬から愈々新築に取りかゝる事と成つている。最も今度新築する撮影所は、決して永久的なものでない。それには種々の理由もあるけれども、要するに、十二社では、純映画劇と輸出ヒルムの製作をする目的であるから、所内の設備、俳優、脚本等に於ても、在来の穐絆を全然脱した理想的なものにしなければならない。此れに就いては、井上正夫君、及び桝本清君も、共に四月初旬頃には米国へ活界視察の為め行く事と成つてゐるからその帰朝を俟つて完備させたいと思つてゐる。

井上君一行は、米国に約半ケ年の間滞在して、実地に、有名な監督の許で、修練して来ることに成つて居る。只漫然として、米国の活界を見物して来るのとは余程その趣を異にして居る。視察して来るべき範囲は、或いは少部分になるかもしれないが、その代り、根底深く実際の経験を得て来ることになつてゐる。（以上原文のまま）

小林の前文の通り、国活の新撮影所―角筈十二社の場所が具体化。活動雑誌等などの関係者に現場を案内、周知した。以下は、活動雑誌社社長・大橋玄鳥のリポート。

国活会社の新撮影地　角筈十二社の見物

大橋玄鳥

その日は、ほんとうに暖かい日であつた。

朝まだきから私達一行と写真部の技手を乗せた自動車は、角筈の十二社へ向けて走た。

自動車を、十二社の池の邊りで乗り捨てゝ、西の方へ向かうこと約一町餘にして、私達は、古ぼけた門のある屋敷跡へ着くことが出来た。その時、保々庶務課長さんは『どうです、広いでせう。大迫将軍の、屋敷跡なんです。付近には人家もありませんから、光線は十二分に得られますからね。』と呟かれる。

旧派俳優団一行。前列中央の洋服姿が吉野二郎。その右、沢村四郎五郎。その後ろ、枝正義郎

門を潜ぐつて行くと、左手の方には、密生してゐる竹林がある。そして、その竹林と白梅の小株の間には、麦の青々としてゐる広い畑が見える。

将軍の屋敷跡とは言へ、雑木が鬱蒼と繁茂つてゐて小さな山に登つた様な心地がした。

そして古井戸の端には、紅梅が薫りを高めて咲き誇つてゐる。少し登りつめた所には、藁ぶきの家が一軒あつて、前の方には、清い水の出る井戸があつた。

『此の井戸の水は、可成純なものですから、現像するのには、申分がないでせうと思ひます』と保々さんが説明された。

『左様ですね。水道の水では、どうしても良好く行きませんからそんな結構な水でしたら、何の心配もないでせう』

私が斯う云つて返辞をし乍ら、一二歩進み出ると、幾十年か経てゐるとも思はれる枇杷や、金しだれや梅の樹が、たゞつまい良く植ゑ付けられてゐるのを見た。

それから、一行が廣い廣い庭園を真一文字に通つて、一段高い所にある物見の亭に登ると、彼方の紺碧の空には、真白なお富士山が、お上品に聳えてゐる。

写真技手は、お富士山を背にして、記念の写真を撮った。此の亭から、富士山を臨と、こゝにも又廣々とした雑木の丘がある。こゝへ女優達の、寄宿舎を建設するとのこと。

頓て亭を降りて、元の廣い庭園に出ると、私達は、保々課長と共に、最後の記念撮影をした。庭園の右手の方は、一段低くなってゐるが、其彼方には綺麗な水が流れてゐた。此所へは俳優の化粧室を作るとか聞く。

映画が製出された時にも、撮影所に対する憧憬の念は歇まないものであるけれども、まだ出ぬ前の執着さも、心の中には美化されて、いろんな幻影が私達を喜ばしてくれるものである。

此の撮影所の総坪数は、約一萬坪ある。既に建築の設計も成つてゐるとか。そして。此の地が。純映画劇の製出地として、輸出映画の生れる土地として、この後どんなにか深く愛活家諸君の頭に刻むことであらう。（以上原文のまま）

《角筈撮影所》発足す

前記のような経過の後、角筈十二社の地に撮影所の建設が始まる。新築工事費の見積は、概算三十万四千円、主な設備工事の内訳は次の通りであった。

仮撮影所（一二〇坪）一三、〇〇〇円、現像所新築五〇、〇〇〇円、永久的撮影所（グラス・ステージ）一〇〇、〇〇〇（実現せず）

主な組織は次の通り。

《撮影所長》課長　桝本清　《監督係》主任　畑中寥坡　水島亮太郎　細山喜代松　《撮影係》技師長　花房種太　《技師》酒井健三　鈴木照次郎　長井信一　《助手》梅津達之　西村金太郎　渡部勝　岩藤隆久　藤川雄之助　《背景課》画工　沼井信一（春信）《現像工場》技師　枝正義郎　岡部繁之　太田紹男　《普通写真》江後競（岳翠）　桑原昂　大森（柴田）勝　《助手》青島順一郎　片岡清太（清）《見習》円谷英一（英二）　唐沢弘光　西川悦二など

《俳優》井上正夫　武田春郎　小島三郎　正邦宏　高瀬実　吉田豊作　葛木香一　大山武　林千歳　英百合子　瀬川つる子　御園つや子　小松みどり　小池春枝

参考までに、主だった所員・俳優の給料を次に記す。

《所員》桝本清　七〇〇円、花房種太　一八〇円、枝正義郎　一四〇円　《俳優》井上正夫　四〇〇〇円、林

千歳　二五〇円《巣鴨撮影所》沢村四郎五郎　三八〇円などであった。

こうして紆余曲折、これまで述べた《角筈撮影所》の第一回作品は――

『短夜物語』監督　細山喜代松、脚本　野村愛正、主演　林千歳、小松みどり　大正九年七月一日　開業早々の新宿武蔵野館封切　七巻であった。

国活角筈撮影所専属俳優たち。右上から時計回りに、葛城香一、小池春枝、大山武、小松みどり

《お待たせいたしました。》愈々メインテーマ『寒椿』の登場々々。

井上正夫　国活入社第一作『寒椿』

『寒椿』は、大正十年（1921年）角筈撮影所作品。前述の小林喜三郎談で述べているように、井上正夫は桝本清と米国に渡り、半年間滞在。小林と井上の仲は、拙稿『小林商会と井上正夫の軌跡』（前述）の通り、深い信頼に結ばれていた。小林は、大正十年一月国活入社。その間の経緯について、井上の言を次に引く。

大正十年一月、私は国活入社の披露かたがた、一門をひきゐて有楽座で実演を行ひました。出し物は久米正雄氏の「阿武隈心中」と武者小路実篤氏の「罪なき罪」の二本立てで、帝劇から村田嘉久子、藤間房子などといふ女優に助演して貰つたのです。(原文改行) 一方十二社の撮影所では、その頃から私の第一作の撮影準備に着手したのです。脚本は小島孤舟の「湖畔の家」を脚色して、「寒椿」(冬樹注:最初の題は「寒紅梅」) といふ題にし、撮影監督は畑中蓼坡が當ることになつたのでした。

畑中君は後日新国劇の俳優になつて、久しく老巧な芸を舞台に見せていましたが、二三年前土佐の郷里に隠退してしまつた人です。若い頃アメリカに渡つて苦労を重ね、彼地の俳優学校を卒業して舞台にも立つてゐたのですが、その四五年前に帰朝して松井須磨子の芸術座に入り、そこが須磨子の死によつて解散後、素人の演劇研究家を集めて「新劇協会」といふ新劇団を組織しました。上海で戦死した新劇界の名優友田恭助は、その新劇協会が生み出した人なのです。それから「民衆座」といふのを興して、メーテルリンクの「青い鳥」を日本ではじめて上演したのも彼であったのです。私と同じやうに、土佐訛りのぬけきれない人だつだので、私には特に印象が深いのです。(原文のまま)

◇　◇　◇

『寒椿』

原作　小島孤舟(湖畔の家)　監督　畑中蓼坡　脚本　桝本清　撮影　酒井健三

《配役》伍助老人　井上正夫　娘おすみ　水谷八重子　馭者林造　吉田豊作　伯爵花岡朝彦　高瀬実　許嫁喜美子　林千歳　(大正十四年四月二四日　丸の内有楽座封切　七巻)

《ストーリー》ある山に水車小屋があって、そこの主人伍助という老人とおすみと呼ぶ十六歳の美しい娘と、侘しく暮らしていた。伍助は馭者林造から五十円の金を借りていた。林造は、それを理由におすみを誘惑しようとする。この山續きに花岡伯爵家の別荘があった。朝彦は許嫁の喜美子と出かけておすみに会い、それが縁で、おすみは花岡家の小間使になった。

桃の節句、三月三日に盛大な催しがあった時、朝彦は軽い冗談から、おすみのお婿さんになるのだと言って、指輪を与えた。或る日林造が金の催促に来た時、おすみが伯爵の花嫁になると聞き、花岡家に暴れこむと云う。主家に済まないと、伍助は鎌で林造を切り殺した。伍助は、おすみのことを伯爵に依頼し、自殺しようと水車小屋に帰ってくると刑事が張り込んでいて彼を捕縛してしまった。

朝彦は自分の冗談から、意外な大事件になったことを反省、おすみを一生自分の妻として面倒を見ることを誓った。伍助は老いの眼に一杯涙を浮かべて、刑事に引かれながら山路をトボトボ降って行った。その哀れな後姿を見送るおすみと朝彦の涙は、滝の如くハラハラと落ちた。

水谷八重子　十六歳　映画出演第一作『寒椿』

水谷八重子

井上の言を、また次に――。

　さて、その畑中君が、女主人公の役を演らせるのだといつて、お下髪に結つた十五六の女学生をつれて来たのです。私はこんな子供にうまく出来るのかと、内心不安に思つたものでした。その少女が水谷八重子だつたのです。彼女はその前、畑中君の「青い鳥」上演にチルチルを演つたのが初舞台で、畑中君は既にその時彼女の天分を認めてゐたのですが、私は何も知らんのですから、そのあどけないやうな姿を見ると不安でならなかった。彼女はその頃、双葉女学校の二年か三年生で、双葉はミッションスクールなので女優になつたことが知れると退学になるとかいふので、表面上は覆面の某家令嬢などといふふれこみにして、名前を出さなかつたと記憶しています。

　さて、いよいよ撮影開始となつてつきあつてみると、このお下髪のお嬢さんがなかなかしつかりしてゐるので驚いた。

『ホホウ、これはやるわい。この分で伸

びて行つたらすばらしい女優になるかもしれんぞ。』

私はひそかにさう思つたものです。私はこの時の直感は間違つてゐなかつたのでした。しかしその時は、この少女が将来名女優になつて、私の相手役をして助けてくれる人となろうなどとは、夢にも考えてゐなかつたのです。

この時の共演者の中に、女優では林千歳がいたし、最近珍優といはれて人気者の高瀬実乗が、當時は高瀬実というふ名で二枚目役者として出演したものです。

この「寒椿」は四月頃までかゝつてやうやく完成し、五月に有楽座で封切公演したのですが、別にとり立てるほどの反響もなかつたやうです。私としても第一作の映画としては、今も何か物足りなさを覚えてゐるのです。その時、映画の封切と同時に、帝劇の村田嘉久子、みね子姉妹、藤間房子などの助演を受けて、「酒中日記」の実演を添えたのです。この方が私としてはむしろ自信があつたのでした。

国活では私は此の映画を一本作つたきりなのです。といふのは、それから間もなく撮影所に争議が勃発し、小林氏排斥の火の手が挙がつたため、折角の国際活映株式会社が崩壊の憂き目をみるようなことになつてしまつたからでした。（以上原文のまま）

ここで、お下髪、十六歳までの《水谷八重子》（初代）に就いて、少々――。

１９０５年（明治三十八年）、東京市牛込区神楽坂の生まれ。本名・松野八重子。時計商の父・豊蔵と母・とめの三男二女の末子。三男とも病没、姉勢舞は二十一歳年上で、水谷竹紫と結婚。10年（明治四十三年）父病没、母と早稲田南町の義兄竹紫の家に転居。竹紫は、のち芸術座理事となる。芸術座は13年（大正二年）9月、メーテルリンクの『内部』と『モンナ・ヴァンナ』の二本立てで、有楽座で旗上げ。竹紫の推薦で、内部の群衆のなかの子供の役で初舞台を踏んだ。

その後、小山内薫に子役としての素質の良さを認められ、16年（大正五年）9月、帝劇第七回公演『アンナ・カレニナ』に出演。18年（大正七年）4月、雙葉高等女学校に進学。水谷八重子と名乗り、初舞台の披露をした。20年（大正九年）2月、畑中蓼坡の新劇協会第二回公演で、メーテルリンクの『青い鳥』にチルチルの役で、ミチル役の夏川静江と共演し好評。本格的に女優として進む決意を固めた。翌21年（大正十年）1月、国活監督の畑中寥坡から、映画出演を要望される。すなわち、映画第一回出演。

八重子　十六歳の春ふくよか『寒椿』

水谷八重子『寒椿』必死の現場を語る！

『寒椿』場面集

水谷八重子　回顧談

『ロケは、中央線の与瀬と上野原中間、相模川のほとりで行なわれた。ぴったり条件にあった水車小屋があったが、この暗い内部をどうしてとるかで頭をかかえてしまつた。むろん、いまのような電気照明はない。かやぶきの屋根を外すことも困難だ。けっきょくレフと鏡をできるだけ多く使う以外にないと、この撮影当日は近辺の散髪屋の鏡を総動員し、小屋の壁のハメ板をはずして直射日光を内部に反射させたり、付近の農家から借りた古障子に銀紙をはって大型のレフにし、これを室内において太陽の移動に備えた。といっても配光専門の人間がいるわけではないから、手のあいているものがみなレフと鏡をもつて太陽と

『父』。左から水谷八重子、藤野秀夫、正邦宏

にらめつこだ。冬だし、曇りの日もあって、ロケは予定よりぐんぐん延びたが、お互い必死の努力を続け、わずかにさしてくる月光の仲の伍助がきねを抱いて涙にくれるというヤマ場をとりおえたときの感激は、いまも忘れられない。』

またまた　水谷八重子　回顧談

『とにかくさびしい山奥の旅館に一か月もこもってのロケでしょう。姉といっしょでしたけれど、私がホームシックにならないように、みなさんがずいぶん気を使ってくださったようです。宿からロケ現場まで二キロぐらいあったでしょうか、その往復にはみんなで歌をうたったり、撮影のあいまには井上先生が玄治店や二十四孝のまねをしてキャアキャア笑わせてくださったり…。演技ですか？　ええ、外国映画も見ていましたし芝居ごころはありましたから、別にやりにくいということはありませんでした。もちろんサイレント映画ですが、井上先生がゴマカシはいかんという主義で、セリフもちゃんとシナリオ通りにいいました』

『でも私には、やはり舞台のほうが魅力的でした。これは「大楠公」（冬樹注・1926・松竹下加茂・監督野村芳亭・足利方の武将の娘・千鳥にふんして、主役の楠木正成を演じた井上正夫と共演）という映画のときですけれど、照明用のカーボンから落ちる火の粉が髪の毛や衣装をこがしたり、目がまっかに充血して松葉で突かれたみたいな痛さなんです。これがきくんだといわれて、毎晩リン

国活角筈撮影所作品集

ゴやジャガイモのすったのをガーゼにひたし、これを目にあてて寝たものです。』

◇　◇　◇

『寒椿』の必死の現場の後、八重子は国活の『恋の山彦』に出たが未公開。その後は演劇活動に専念。大正十二年九月、関東大震災の後、焼け残った松竹蒲田撮影所で、二本目の映画『父』に出演した。

『父』 原作脚色監督 島津保次郎、撮影 碧川道夫、出演 藤野秀夫、正邦宏 林千歳 水谷八重子（お袖）

国活が輸入した洋画

愉快な傑作、島津大成功。水谷八重子嬢、松竹映画初出演を目出度く飾る名正喜劇。劇や舞台で真面目な努力をして来たことが、報われた見事な演技と、称賛された。

エピローグ

国立映画アーカイブ（ＮＦＪＡ）所蔵映画目録（二〇〇〇版） 日本劇映画 データ

１９２１年（大正10年）

寒椿 かんつばき 製作国活（角筈） 配給国活 監督畑中蓼坡 原作小島孤舟 撮影酒井健三 美術斉藤五百枝

出演井上正夫、覆面令嬢、高瀬実乗、林千歳、吉田豊作

b／w（白黒）silent Ｓ（スタンダード）

１９２１・04・24（封切）35ｍｍ、Ｐ（ポジ）

５１６２ft.

◎トーキー版も所蔵

その後、《発掘された映画たち２０１４》（ＮＦＣ企画）

に『寒椿』（染色版85分16fps・35mm・無声・染色）が、上映された。パンフレットの解説を次に再掲する。

「井上正夫のアメリカからの帰朝第一作となった新派映画。水谷八重子が覆面令嬢のクレジットで映画初出演を果たしている。当館既蔵のプリント（無声版とトーキー版）は2本とも白黒であるが、２０１２年度に日本大学芸術学部から寄贈を受けた可燃性染色ポジを基に復元した（復元作業　ＩＭＡＧＩＣＡウエスト）」

私が観たのは、10月5日（日）午後1時の回。当時のノートを見ると、18号台風前で観覧者数10パーセントとある。観ながらの《なぐり書き》のメモから幾つか拾うと――。

メインタイトル無し。白黒版より鮮明。オープニング、山脈・水車小屋・小屋から井上、水を持ち出してくる。水谷、別荘の自室で「婦人画報」読書中。井上の室内、ハナ・ハトなど習字の紙で、破れ障子が貼られて。水車小屋で箱を出し、その上に乗り荒縄で首を吊ろうとする井上、果たせず。などなど。

国際活映株式会社　角筈撮影所　夢の跡を尋ねて

国活・角筈撮影所は、『寒椿』に次いで『海の人』（監督　細山喜代松　撮影　青島順一郎　主演　井上正夫　林千歳　大正十年六月四日　丸の内有楽座封切）を製作公開した。次いで、『水彩画家』（原作　島崎藤村　監督　桝本清　主演　井上正夫　林千歳）の撮影に掛かろうとしていたところ、会社が経営不振を理由に大量馘首、撮影所の閉鎖を通告してきた。従業員たちはストライキで対抗したが挫折。《夢売り人・角筈撮影所》は、儚い夢に潰えたのだった。

角筈撮影所閉鎖後の国活は、巣鴨撮影所で《監督　吉野二郎　主演　沢村四郎五郎》の定番時代劇を作り続けた。晩年には、内田吐夢、衣笠貞之助、杉山公平、円谷英二の顔を見られた。

最後に、国活のフィルモグラフィと直営館を記す。

作品　１９１９年（大正八年）↓25年（大正十四年）１４９本（内角筈17本）

洋画配給　１９２０年（大正九年）↓23年（大正十二年）39本（アメリカ合衆国）

直営館　豊玉館（国際活映株式会社直営・高級西洋映画専門）京橋木挽町一丁目（現在の銀座二丁目の辺り）

◇　◇　◇

令和の今、国活角筈撮影所の遺跡は？の好奇心で、探訪に出掛けたり！　出掛けたり！　物の譬によると、《京王プラザホテルの辺り》などと、宣っている。

『ちゃいますよ！』と、私は心の中で『ブツブツ』言いながら、久方ぶりに《国活・角筈撮影所・夢の跡》を尋ねた。

ここで、柴田（大森）勝先生にご登場頂く。というのは、《夢の跡》のこと全て、柴田先生のご教示によるからである。以下、柴田さんご教示の道をたどり、角筈撮影所のオーラへ――。

当初に述べた熊野神社を観て、前の道路を渡り、《たがみ陶苑》の横道を進む。前掲大橋玄鳥の記述は、《自動車を、十二社の池の邊りで乗り捨てて、西の方へ向かうこと約一町餘にして、私達は古ぼけた門のある屋敷跡へ着くことが出来た。》とあった。私は、大橋玄鳥一行も歩んだ、やや高みへと続く道を進んだ。《駒ヶ根病院》を右に見て、その先を右折。広い道の左側に望遠する大きな建物――《新宿区立西新宿シニア活動館》（新宿区西新宿4―8―35・鉄筋建築）であった。柴田さんの昭和時代は、《陽風園・十二社こどもクラブ》と称したが、《シニア活動館》とは、令和の世ですナ。

柴田さんの調査によれば、撮影所が閉鎖されてから箱根土地会社が買収、整地して分譲したとのこと。その跡は関東女学院になり、何代か変わってシニア活動館になっているのだった。

当時の撮影所概況について、活動雑誌レポート。

「整理室は可成広い部屋で、広い棚にフィルムが整理して入れてあった。背中合わせに乾燥室、床はコンクリートで、大きな円筒状の乾燥機が3台並んでいた。その他、染色室、洗浄室、乾燥室、試写室、字幕室、真暗な現像室、など。これから建設されるスタジオは、15間4方の鉄骨建築で、3組の撮影が可能。」と、いうことだったが。（建設されなかったのでは？）

こうして、柴田先生調査の想いを胸に現場を降る頃、辺りは夕闇が漂い、遥か向こう新宿繁華街の光明が瞬いていた。

最後に、柴田（大森）勝先生のご冥福を祈念申し上げます。

なお、文中敬称を略させて頂きました。

（ふゆき・かおる）

珍品ショウケース⑩

『ティルジットへの旅』

ダーティ工藤

（39・独＊マジェスティック）モノクロ・スタンダードサイズ（1・37：1）86分
Die Reise nach Tilsit
原作＝ヘルマン・ズーダーマン　脚本・監督＝ファイト・ハーラン　撮影＝ブルーノ・モンディ　装置＝フリッツ・マウリシャート、P・マルクヴィッツ　音楽＝ハンス＝オットー・ボルグマン
出演＝フリッツ・ヴァン・ドンゲン、クリスティーナ・ゼーデルバウム、アンナ・ダマン、ヴォルフガング・キーリング、ヨアヒム・ブッファ、マニー・ツィーナー、エルンスト・レーゲル、エードゥアルト・フォン・ヴィンターシュタイン、アルベルト・フローラート、シャルロッテ・シュルツ、ヤーコブ・ティートケ

ヘルマン・ズーダーマン（ズーデルマン）の原作はフリードリッヒ・ヴィルヘルム・ムルナウが渡米第一作として監督した『サンライズ』（27）と同じもので、いわばリメイクである。フォックス映画の代表ウィリアム・フォックスの「あなたの好きな題材で、製作費はご心配なく」という熱心なラブコールの元に実現した『サンライズ』は、今では世界映画史に残る傑作として輝き続けている。

一方、本作はナチス時代に製作されたこともあり、映画史からは抹殺されてしまっている。ナチスの映画部門を取り仕切っていたヨーゼフ・ゲッペルスは熱烈な映画ファンで、国民啓蒙宣伝省の宣伝相就任時にホテル・カイザーホーフで行った有名な演説で何と「我々は右翼の『戦艦ポチョムキン』を撮らねばならない」と熱弁したという。ゲッペルスは左翼映画だけでなくハリウッド製娯楽映画にも造詣が深かったという。そのためか、あからさまな国策映画というのは意外と少なく、もっぱら国民が現実を忘れられるような音楽ものやコメディといった娯楽映画が大きな割合を占めていた。本作のようなメロドラマも娯楽映画の重要なジャンルとして数多く撮られた。『サンライズ』は潤沢な予算を使って全てのシーンがセット撮影され、実験的かつ新しい撮影技術や表現手段が取り入れられたが、本作はかなり切り詰められた予算の中でロケ撮影を生かした機動力のある内容となっている。特に湖での嵐にみまわれる遭難シーンや、主人公夫婦をたいまつで捜索する村人たちのシーンなどは、ロケーション撮影が生きた好シーンと言えよう。

ストーリーは『サンライズ』とほぼ同じである。漁師エンドリク（フリッツ・ヴァン・ドンゲン）は、若い妻エルスケ（クリスティーナ・ゼーデルバウム）と四歳になる子供と平和に暮らしていた。夏場は自宅の一室を観光客へ提供して収入を得ていた。そこへエンドリクが子供の頃の遊び友達で、美しく成長したポーランド娘、マドリン（アンナ・ダマン）がやって来る。都会の匂いを運んで来たマドリンにたいして、エンドリクが激しい愛情にから

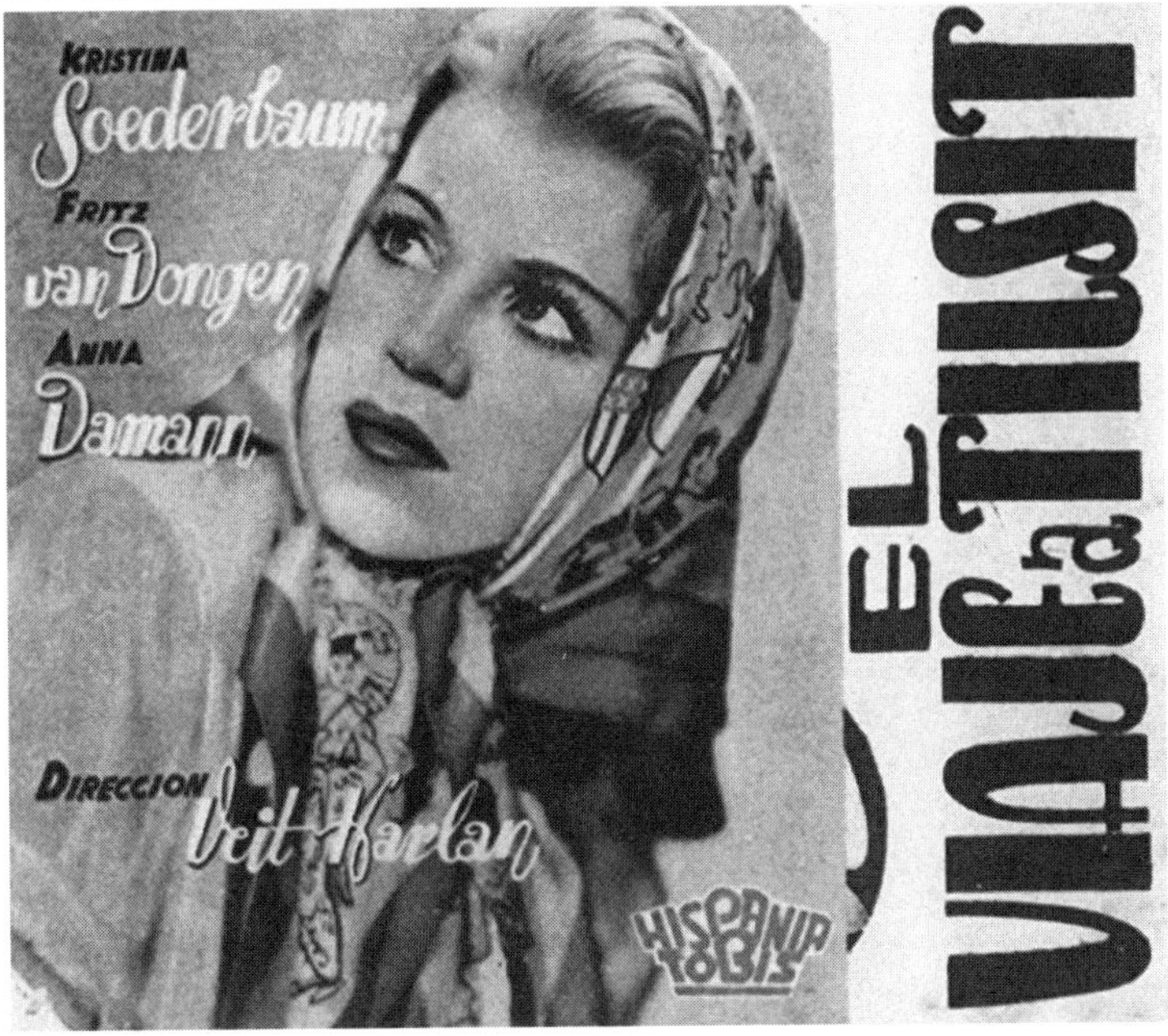

『ティルジットへの旅』オリジナルポスター

れるには時間はかからなかった。エンドリクはエルスケと離婚し子供まで取り上げようとするが、彼女は厳として拒絶する。エンドリクはマドリンの強い誘惑に負けて、エルスケをティルジットの馬市へ舟で一緒に連れて行き殺害しようとする。だが町に着いた二人は久々の解放感にひたり和解する。帰宅時、嵐に見舞われ舟は転覆し二人は湖面へ投げ出される。助かったエンドリクは村人たちの助けで湖を捜索するがエルスケは見つからない。だがエルスケは一緒に湖面へ投げ出された馬のおかげで一命を取り止めていた。エルスケは帰宅し悔い改めたエンドリクと抱き合う。そしてマドリンはひとり村を去って行った。

決して『サンライズ』ほどの傑作ではないが、原作の素朴な味わいはこちらの方が、よく生かされているように感じた。裏目読みせずともハーランの演出力を示した中々の力作で、埋れさすには惜しい作品といえよう。

『サンライズ』sunrise（27・フォックス）モノクロ・スタンダート、音楽付サウンド版　95分
原作＝ヘルマン・ズーダーマン　製作＝ウィリアム・フォックス　脚本＝カール・メイヤー　監督＝フリードリッヒ・ヴィルヘルム・ムルナウ　撮影＝チャールズ・ロッシャー、カール・ストラス　編集＝ハロルド・シュスター
出演＝ジョージ・オブライエン、ジャネット・ゲイナー、マーガレット・リビングストン

ファイト・ハーラン（１８９９〜１９６４）
ベルリン生まれ。父は小説家兼劇作家のヴァルター・ハーランで、幼少の頃から英才教育を受ける。やがてベル

ファイト・ハーラン監督

リンの劇場で俳優兼演出家として活躍した。27年に俳優として映画界入りして『ニュールンベルクの親方』(27)『あかつき』(33)など多数の作品に出演。35年からは監督に転向し、エミール・ヤニングス主演の『支配者』(37)でナチス国家賞を受賞して以来、『青春』(38)『ユダヤ人ジュース』(40)『偉大なる王者』(42)『コルベルク』(45)と、『最後の一兵まで』(36)『誓いの休暇』(37)などのカール・リッターと並ぶナチス政権化の御用監督ツー・トップとして活躍した。『ユダヤ人ジュース』は『永遠のユダヤ人』『ロスチャイルド家』(以上40)と共に反ユダヤ主義を明確に打ち出した三部作と言われた。『コルベルク』はベルリン陥落2週間前に2年の歳月をかけて完成したアグファカラーによる3時間に及ぶ超大作で、エキストラにはドイツ国防軍から数千人の兵士と千頭の軍馬が提供されたという。いずれもヒロインは39年に結婚したクリスティーナ・ゼーデルバウムであった。

　戦後は戦犯裁判にかけられたが何とか逃げ切り、50年より監督に復帰した。ゾルゲ事件を戦後最初に映画化した『ドイツへの裏切り—ゾルゲ博士事件』(54)は未公開ながらハーランは日本ロケも行い、稲葉義男や谷洋子も出演。ゾルゲ博士にはヴァレリー・インキジノフが扮した。

　ハーランがある意味最大の話題となったのは、姪のクリスティアーヌ・スザンヌ・ハーラン(結婚後はクリスティアーヌ・キューブリック)が新進気鋭だったスタンリー・キューブリックに見染められ結婚したことだろう。ハーランのコネでTV女優として活動していたクリスティーヌ(女優名はスザンヌ・クリスチャン)をたまたま観たキューブリックは、一目惚れして『突撃』(57)のラストシーンに強引に出演させたという。反ユダヤ主義映画『ユダヤ人ジュース』を撮ったハーランが、反骨のユダヤ人監督キューブリックと図らずも親戚になってしまったというのは運命の皮肉と言うべきか。

(だーてい・くどう)

小谷承靖監督追悼
最後の恐竜との旅（下）

小関太一

東京国際映画祭

浅草東宝がなくなり筆者も比較的動きやすくなった頃異動があった。劇場の営業職から離れる事になった。一方浅草東宝の最期にとても協力してくれたトム（小谷監督の愛称）には忙しい日々が訪れていた。その作品のジャンルが多岐に亘るトムは方々からトークのゲストや雑誌の取材対象として声がかかっていた。映画監督という本業ではないのは不本意だったと思うが、トムは文句も言わずあちらこちらに赴いていた。

そんなある日筆者に連絡が入る。「暇だったらトークショウを撮影して記録に残して貰えないか？」という頼みだった。もちろん世話になったトムの頼みである、すべての予定を差し置いて駆けつけてカメラを回した。毎度撮影しながら感心したのは作品それぞれに思い出がありそれがきちんと出てくる事だった。暫くは撮影隊としてトムに同行する日々が続いた。鳥取県倉吉市の市長だった自身の尊父の影響で鳥取の映画イベントにも毎年のように呼ばれていたトム。山陰地方に行った事のなかった筆者は観光気分半分で撮影者としてトムに同行した。

文字通りトムとの旅が始まった。浅草東宝と違い公的機関の催し物だった事で毎年ゲストを伴う贅沢なイベントだった。ある年は田村奈巳、ある年は仁科亜季子。イ

小谷承靖と岡本喜八

ベント後のパーティもまた楽しく地元のご馳走にありつけたりと経験したことのない経験をした。地元の名士たちとの名刺交換で先方は筆者を何者かと警戒しただろう。そんな不思議な旅だった。

しかし何度鳥取に行っただろう。本当に楽しい旅だった。トムも地元に帰ってリラックスして夜に色々な話をしてくれた。助監督時代、ヨーロッパに先乗りしてゴダールの『はなればなれに』の撮影を見学したり、子供にしか見えない加賀まりこを、子犬を連れたポランスキー監督がナンパしていたのを目撃した話。カンヌ国際映画祭で浜美枝をエスコートした話。ロンドンにいた伊丹十三にそうめんをご馳走になった事。川島雄三監督作品『箱根山』のロケでヘリコプターを待っている時に、一緒に待っていた未成年の星由里子にタバコを覚えさせた話。等々本当に楽しかった。

またある年は大分のゆふいん映画祭で東宝青春映画の特集上映があり、トムは『はつ恋』の脚本家の重森孝子や浜美枝とゲストとして招かれ、会場にはカンヌで浜をエスコートするトムの写真が大きく引き伸ばされて堂々と掲出されていた。

トムとはそんな記録係としての付き合いがほとんどになっていた頃、実に奇妙で不思議なイベントが実施された。２００８年秋、第28回目の東京国際映画祭で『極底探検船ポーラーボーラ』が公式上映作品として選ばれたという連絡がトムから入った。最初は「映画秘宝」あたりのテキトーな上映会かと思っていたが、これが本当の公式上映だと分かりチケットを取ろうとした頃には手遅れで、トムにお願いして手配してもらう羽目になった。4年前、東京国際映画祭開催初日にトムは映画祭とは関係なく来日したランキン達と浅草東宝で１００人強の観客に『ポーラーボーラ』を披露していた。日本の映画の最も華やかな場面から最も遠い場所浅草で。

それがどうだ、4年経ったらその本家の東京国際映画祭から「公式上映作品として上映したい」と申し入れがありティーチ・インに登壇して欲しいとの要請があったという。これは本作をその年のテーマ〝エコロジー〟から選出してくれたユニジャパンのスタッフのお陰だが、トムと「4年前からの不思議な巡りあわせ」について笑い合ったのを憶えている。会場となったル・シネマでは撮影係として劇場の隅にいたが、トムが4年前の浅草の話と筆者を観客に紹介してくれて注目され恐縮した。客席にはプロとして既に一線で活躍していた監督やスタッ

ゆふいん映画祭にて。浜美枝と

フがいたので余計恥ずかしかったが、トムの雄々しい姿を見て我が事のように誇らしかった。上映が終わり藤倉博プロデューサーの経営する「ペレの店」で打ち上げが行われた。今はなくなった店だが映画人の集う店として人気だった。トムが『幻燈辻馬車』で喜八組に加わった事でお互いの組の交流が始まり大人数がペレに集った。主役のトムは本当に嬉しそうだった。そして筆者と顔を合わせる度に「お前が浅草でやってくれたおかげだよ、ありがとう」と感謝してくれた。トムも有頂天だったろうが自分も有頂天だった。

いつも心にハードボイルドを

映画祭で脚光を浴びたトムには益々忙しい日々が待っていた。本業の映画監督は1985年の『潮騒』以来四半世紀近く開店休業だったが、刑事ドラマ『ジャングル』等のテレビシリーズや2時間サスペンスのテレフィーチャーはコンスタントに演出しており、三浦友和主演『はみだし弁護士　巽志郎』のシリーズは全12作を演出しておりトムのライフワークと呼べるシリーズになった。

トム自身も自分の企画を模索し筆者や周りのスタッフに撮りたい素材を度々話してくれた。原作者の筒井康隆本人が「(映画化するなら)主役を演じたい」と語っていた老人版『バトルロワイヤル』といった内容の長篇「銀齢の果て」。高齢化社会問題解決の為に政府が後期高齢者を殺し合わせるというちょっとブラックユーモアじゃ済まないようなSF。『ゴキブリ刑事』でやり過ぎたアクションがまた観られるかと期待したが、やはり企画がブラック過ぎたのか実現しなかった。

具体的に進んだ企画もあった。浅田次郎の短篇「あじさい心中」である。盛りを過ぎたストリッパーのドラマでトムとしては『はつ恋』以来の女性映画になったろう。これは仁科亜季子との再会も影響しており、トムは主役に仁科を推していたのを憶えている。プロデューサーが原作権を追いかけたが既に韓国の会社に売られた後だった。買い戻せるかもという状態が暫くあったが結局断念したという話を聞いた。それに加えて過去作品に関する取材である。DVDが出ると言えばオーディオコメンタリーの収録に行ったりと目まぐるしい日々だったと思われる。

筆者はそんなトムに何かしてやれないかと考えるようになった。トークショウごとに記録係として同行している日々は続いていたが、もう少しトムの為に何かと思っていた頃に白坂依志夫のエッセイ集『不眠の森を駆け抜けて』の編集を手伝う事になった。増村保造とのコンビで幾つもの傑作を生みだした天才脚本家・白坂はトムとも若い頃から遊び仲間でトムの『愛の嵐の中で』も書いている。手伝いと言っても出来上がった本の用語解説で、調べものばかりが仕事だったが自分なりの解説が添付出来て楽しかった。以前から知り合いだった白坂も面白い人物で、久々に映画関係で楽しんだ仕事になった。

「これだ!」と思った。トムの本を出せないだろうか? かつて「Kihachi フォービートのアルチザン」を編集したときの意欲がムクムクと湧き上がって来た。三部構成のインタビュー。助監督時代。監督時代。テレビ時代。途中にプロデューサーや俳優達のインタビューを挿入してこのバラエティに富み過ぎる映画監督の全容を浮かび上がらせる本。これを読めば小谷承靖監督が何者なのかわかるという本。考えただけで自分の中に何かが膨れ上がって行った。出来る限り準備して編集に入ろうと根回しした。出版元は「不眠」の版元からOKを貰っていた。まずトムの監督第一作のプロデューサーに小谷承靖監督誕生の話を聴き、北野武監督作品の宣伝を担当していた宣伝プロデューサーにはビートたけしに帯コメントがもらえないか打診してもらった。(たけしの初主演映画『すっかり…その気で!』の演出はトム)その他できうる限りキャストやスタッフにインタビュー取材の依頼をした。もう頭の中で本は出来上がった気分だった。

　ところがである。肝心のトムはこの頃忙しい上にやはり自分の映画人生を振り返るという取材を2回も受けていた。成城学園前の喫茶店で正式に本の申し入れをしたら、「一年の内に3回も自分の過去を振り返るなんて嫌だよ」とつれない返事が返って来た。こうなるといくら説得してもダメだった。それらの書籍と違ってスタッフやキャストの証言も差し挟んで多角的にトム・コタニを分析するという本だと言っても無理だった。暇だったトムは一気に忙しくなり疲れが出てしまったようだった。上京のタイミングでインタビューを取らせて貰った安武龍プロデューサーには申し訳ない事になってしまった。本人の協力が第一なのにそれが得られないのでは編集は中止せざるを得ない。出版元の社長からは散々嫌味を言われたが泣く泣く諦めた。凄く残念だった。

小谷承靖。東京国際映画祭にて

　またところがだ。数年前にやはりトムを囲んで飲んでいた時に急にトムが言った。「本はどうするんだよ？俺はいつまでも生きてないぞ」と言い出した。なんだよあの時あれだけ嫌だと断っておいてそりゃないよ。お願いしたスタッフやキャストのインタビューも全部謝って断ったのに！　今更自分の中にも本を作ろうという気持ちは湧き上がらなかった。『さよならジュピター』を降板した話等目玉があるとは言ってくれたが筆者のほうが願い下げだった。きっと暇な時に頼んでいたら違ったのだろうが、良くも悪くも東京国際映画祭がすべてを一転させてしまったようだ。脚本家の小川英や田波靖男、先輩監督の岩内克己や坪島孝らと作った謎のクリエイティブ集団ジャックプロの謎の解明（「太陽にほえろ」やトムの監督作品のほとんどに企画協力した）。『クレクレタコラ』の監督にトム始め錚々たるメンバーが並んでいた謎。確かにトムの周辺は謎が多かった。この辺も本にしたかった動機だが、一方で難問も横たわっていた。

　本を作ろうと思った時に一番悩んだのが、トムはどういう映画監督なのかという事だった。映画が右肩下がり

「東宝青春映画セレクション」登壇時の仁科亜希子

になる頃に映画監督になりコンスタントに作品を作り一時期は東宝映画のエースだった人間である。「何でも屋」と自虐的に自分を語る事も度々あったが、そこには何かしらの共通点が潜んでいる筈だと思った。ある評論家は百友《ももとも》映画の監督、ある人は恐竜映画の監督、若大将映画の監督、アクション映画の人と捉えどころのない映画監督がトムだった。なにかそのフィルモグラフィーに共通点を見つけようと作品を観まくった。

そしてあることに気がついた。それはどの映画の主人公もカッコいい事にこだわっていることだった。『ゴキブリ刑事』の渡哲也、『コールガール』の女性Ｍｉｅも同じだ。『ホワイト・ラブ』の友和、『ポーラーボーラ』のブーンもそうだ。『すっかりその気で…』のビートたけしも『夕日くん』のなべおさみも、彼らは身の丈に合わないかも知れない行動で壁に挑み克服する。必ず主人公の上半身の裸を入れるこだわりもその表れだと。それはよく言えばハードボイルド、悪く言えばええカッコし。

いつも心にハードボイルドを。

これがトムのモットーだったし本人も意識せずにそうなっていた事も認めていた。そんな話も旅先でした。兎に角トムの映画の主人公はカッコよくあろうと必死だ。それが一番表れているのが『Ｆ２グランプリ』ではないかと思う。登場人物たちの虚勢の張り合いによる火花が凄い。作品の迫力も含めてトムの最高傑作だと思っている。トムの映画を勧める場合まず『Ｆ２グランプリ』を挙げる。ハリウッド大作『グラン・プリ』を研究して作られた本作だがレースシーンの迫力は決して引けを取らない。浅草東宝で上映した時、トムは上田キャメラマンを「大画面で久々に『Ｆ２』を観ようよ」と誘ったのだ。確かに大画面とビデオでは大違いだ。学生時代渋谷の劇場でバイトしていたが、本作の公開に合わせて渋谷宝塚にドルビーサウンドが導入された。いかに会社が『Ｆ２』に賭けていたか分かる。二本立てが当たり前の時代に全国一本立てで興行とは随分強気だった。それだけトムは信用されていたのがわかる。

旅の目的地　父の暦

開店休業状態だったトムに映画監督の話が意外な所か

ら浮上する。とっとりフィルムコミッション（FC）の清水増夫からの提案でプロジェクトは動き始めた。やはり鳥取出身の谷口ジロー原作の漫画「父の暦」の映画化だった。フランスで高い評価を受けていた谷口の漫画。その一篇「遙かな町へ」は舞台を倉吉からフランスのリヨン近郊に移し映画化されていた。疎開先であり父親が市長を務めた倉吉を舞台にした「遙かな町へ」を映画化したかったトムだったが、既に国内の別の会社で映画化が進行しており断念せざるを得なかった。それで同じ谷口の原作「父の暦」の映画化を目指した。東京に「父の暦プロジェクト東京メンバーズ」が発足し筆者もメンバーとして名を連ねた。どちらかといえば男っぽい映画が多かったトムだったが、この谷口原作の映画化は鳥取が舞台という以外に理由があった。

トムは生前の岡本喜八からこんな事を言われていた。「俺は出来なかったけど、お前は自分の故郷をテーマにした映画を一本くらい作っとけよ」。トムはこの岡本の言葉がずっと心にあり、鳥取が舞台の『父の暦』の映画化を二つ返事で引き受けたのだった。いわば岡本の敵討ちのような気持だったろう。自分にとってもこれが、岡本がトムに託したトムとの旅の目的地だったのではないかと思えた。

まずシナリオ化の作業に入った。当時『はつ恋』がDVD化に伴い隠れた傑作として引っ張りだこで、イベントの度に呼び出されたトムと一緒に連れまわされた脚本家の重森孝子に脚本化を依頼した。『はつ恋』製作当時は色々脚本に変更を加えた上に最後にグロい写真で幕引きしたトムにずっと怒っていた重森だったが、この『はつ恋』の再評価の波に悪い気はしなかったらしく、一緒に鳥取のイベントにも参加して四半世紀ぶりの和解ができたようだった。

原作は鳥取の大火という有名な災害をクライマックスとする、ある父親の年代記とその息子のドラマなのだが、長い上に雑誌連載という形式から話は毎回区切りがつく短篇集のような体裁になっていた。出来上がった重森のシナリオは通常作品の倍の厚さはあったと思う。読んでみるとやはり話が羅列されているような印象で無理に結末で話をまとめようと苦労している様子が行間から感じられた。素人の筆者でも分かるのだからプロは尚更分かるだろう。『孤独のグルメ』などで原作者の谷口の漫画を読んだ事がある読者もいるだろうが、谷口の場面構成は既に画コンテのように描かれており今更映像にしようなどという気にならない出来なのだ。ここでもハードルが高くなっていた。しかし原作の舞台鳥取市は積極的で計画するイベントには協力的だった。お陰で自分如き端っこの人間まで市長と名刺交換していた。

喜八プロの製作でスタートした企画は二転三転する。藤倉博プロデューサーは『助太刀屋助六』や『復讐するは我にあり』等を制作したが、彼は飽くまでキャスティングや現場仕切りの制作者でお金の手配をする製作者ではなかったので、降板して喜八プロは製作から手を引いた。西島秀俊がプロジェクトに興味を持っているとか、制作プロに一部出資させて版権を持てるならとか、様々な申し入れがあったが結局まとまらなかった。

映画化は遅々として進まず。スポンサーを募る意味でも『父の暦』という物語をアピールしようと、朗読劇として地元鳥取に披露しようと決まりトムは早速準備に入った。都内で開かれる映画監督による朗読劇に頻繁に足を運ぶトムを見て随分感心したのを憶えている。七十歳を超えた人間がやった事のない舞台劇の演出に挑戦しようとしているのだ。その為に舞台を勉強する意欲。それだけ映画化に向けて奮闘していたのが良くわかる。

2011年秋、鳥取市民会館大ホールで『父の暦』の朗読劇は上演された。風間トオルと一色采子以外は地元俳優達で固められたキャスティング。無料という事もあったが会場は満杯になった。記録係で行った筈の筆者も、人が足らないと音声タイミング係で急遽スタッフに加えられた。重森孝子のシナリオをダイジェストにした話はすんなりと流れて行き感動の内に朗読劇は幕を閉じた。大成功だった。これでやっと映画も前進するかと思われたが、やはりスポンサーは集まらず映画は企画中のままになり、そのままフェイドアウトした形になって行った。たった一度の舞台は伝説になった。

最初にシナリオを読んだ時、筆者の頭の中には父親役で一人の俳優が浮かんでいた。トムの盟友三浦友和である。某社の社長らは盛んに役所広司を推していたが筆者には想像がつかなかった。当時映画で脇に回る事で若い頃にはなかった演技の幅を出していた三浦ならばトムとの集大成として『父の暦』を成功させられると思った。息子の三浦貴大は当時まだ若かったので無理だったろうが、現在なら原作の親子を友和と共に演じられる筈だ。スポンサーに泣かされた『父の暦』だが現在なら潤沢な資金を武器にエンタテインメント界を席巻している

Netflixによる映像化も可能なのではと思う。トムがもう少し元気でいてくれたら…。こうしてトムとの長い旅は目的地を失った。

最後の鳥取は境港映画祭で、地元出身の司葉子さんと『暗黒街の対決』のティーチインにトムが参加した時だった。忙しい司さんは舞台が終わると駆け足で東京に戻ってしまった。残されたトムと筆者は浅い時間から居酒屋で飲み始め、最後はトムの部屋で飲んだ。猿股姿のトムがやたらに優しかった。今までの事を感謝して労っていると言ってくれた。ここでも色んな話を聴いた。チーフ助監督を一本しかやっていないのに藤本真澄の覚えが良くて先輩たちをごぼう抜きに追い越して監督になった事。東宝にコネがあったので入社できたが、暮しの手帖社からも内定をもらって、もしかしたら編集者になっていたかもしれなかった事。司さんとは東大に通っている頃からの知り合いだったとか。兎に角ラッキーな映画人生だと語った（念のために書いておくが、『俺の空だぜ！若大将』でトムが監督になれたのは安武龍プロデューサーのおかげ。恩地日出夫監督『太陽の狩人』に助監督で就き世界中を回ったトムの仕事ぶりに感心した安武が監督昇進を藤本に進言した）。

トムはこうした仕事をこなしながら一方で東宝撮影所での仲間たちとの会合などでは走り回っていた。それは助監督制度の序列の最後に監督になったトムの宿命だった。先輩監督たちを立て俳優やスタッフ達に気遣うトムは我々とは違った一面を見せていた。日頃のテニスのお陰か走り回る姿は後期高齢者には見えなかった。トムの後にも監督になった後輩はいるが、先輩との年数が繋がっていた最後の監督昇進者がトムだった事がそんな立場になったとも言えるが、世話を焼くトムは勝手知ったる仲間たちと楽しそうだった。浅草の特集を「砧群雄列伝」と名付けたトム。その群雄の最後にいたトム。そのトム自身も最後の恐竜だった。筆者にはあの秘境に消えた富豪にトムを重ねていた。

さらば、トム・コタニ

旅の終わりはふいに訪れた。

昨年夏、渡哲也が亡くなった。闘病生活が幾度か報道されてラピュタ阿佐ヶ谷でのトークショウでトムが渡にエールを送っていたのを憶えている。藤岡弘（当時）を推す東宝に逆らい渡の起用を希望したトムはたった一人で石原プロに乗り込んで『ゴキブリ刑事』を作り上げ、ヒットを受けて続篇『ザ・ゴキブリ』も作ったが渡の健康状態を理由に三作目の制作は中止になった。しかしこの二作はこの数年後にスタートする石原プロ制作の『大都会』や『西部警察』いうドル箱シリーズの礎を作った事に異論はないだろう。しかしトムはテレビシリーズには呼ばれなかった。本人曰く「滅茶苦茶にやりすぎたから」と語っていた。それでも渡の死に際してトムの功績について取り上げても良かったろうにと思う。トムの周辺に暗い影がちらつき始める。

２０２０年秋、トムは長年のパートナーだった女性を失った。その落ち込み様はひどく、暫く電話に出なかった。トム自身の訃報はその数か月後だった。コロナ禍で足が遠のいたラピュタ阿佐ヶ谷で『急げ！若者』の上映があり観客に挨拶していたと聞いていた。外出できるくらいには持ち直しているんだとそのままにしてしまった。暮れに岡本喜八の『独立愚連隊』の上映が渋谷のシネマヴェーラであった。中国特集で岡本みね子プロデューサーのトークショウもあった。体調の優れないトムは欠席の詫びをみね子未亡人に入れていた。学生時代トムは卒業がかかった授業を落としそうになった時『独立愚連隊』の感想を教授に提出して卒業できた事でも岡本に恩義を感じていた。シネマヴェーラもトムのホームグラウンドと呼んで良い劇場で幾度か撮影にお邪魔した。

トムの代わりに息子さんがトークショウを聴きトムの家でその内容を話した後に、息子を見送ろうと玄関まで出て来た所でトムは倒れてそのまま帰らぬ人になったという。寝たきりや闘病生活とは全く無縁の潔い死。トムらしい最期にただただ感心する。最期までカッコいい美学を貫いたハードボイルドな死だった。

自分はトムに何かしてやれたんだろうか？　浅草東宝の閉館に際しておんぶにだっこくらい頼ってしまった。全て何の報酬もなかった。色々な所に連れて行ってもらい借りばかりが残ってしまった。そんな自分が情けない。やはり本のような形でも残すべきだった。今は感謝の言葉を贈るしかできない。ありがとう、トム。仏文出身でしたよね。もう一度言う。

Au revoir,merci,Tom!

いつも心にハードボイルドを。

（追記）書き始めると次々思い出がよみがえり、まとまりがなくなってしまったけれど、許して下さい。トム。

（文中敬称略）

（こせき・たいち）

旧著再読

追悼・亀石征一郎

川喜多英一

亀石征一郎『フライング・タワー』（アーティストハウス　２００５年1月刊）

今年の夏に亡くなった東映出身俳優・亀石征一郎の小説第一作。借金まみれの売れない役者が誘われたのは「後世残留扶養人保護会」なる怪しの組織。職も金もない人間の代わりに保険金を払い、二年後の自殺で清算する。詐欺には違いないが、これ以外、家族に多額の遺産を残す方法があるだろうか。契約した主人公は、同じ自殺契約者たちと交流するようになる。集まって人生を悔い、愚痴を言い、皆々現代日本の抱える問題への怒りをぶちまける…まではいいのだが「どうせ死ぬんだから世直しをやろう」と言い出す奴がいて…タイトルにあるタワー則ち東京タワーに人質をとって立て籠もり、政府を相手取って様々な要求を始める。

アイデア、プロットの展開、人間描写など、いずれも無理がなくカッチリしていて、処女作としては大成功の出来。素人がやりがちな無駄なアクションや余計な人死にがないところも大人の感覚。中村敦夫の南方ポリティカルフィクションに、おさおさ劣らない。違うのは二人の思想背景くらい。中村は反日だが亀石は保守。竹下、橋本両首相への痛烈批判、北朝鮮への憎悪、国防への憂慮…。高級官僚をヤクザの元締め呼ばわりする半面、末端の警察官は、撃つにしてもケガさせるに留めているのも好感。井上日召の精神ですな。

てんで筋と関係ないけど「アッ」と思った科白がひとつ。「三島由紀夫さんも生命保険には入っていたんですかねえ」。考えたことなかったな、なんか冒瀆、って感じがして。

本書にはテレビ批判もある。亀石、良い役者だったけど、ワンパターンの役柄ばかり振られていた。東映時代のごく初期、完全なスタア候補時代の数本を見てないので軽々には言えないが「数は出てるけど代表作がない」典型だった。悩んだろうなあ。その悩みの果てに「理想の映画」として本書を書いたんじゃないか。東京タワーが舞台なんて絵になるよね、映画にしたら。スカイツリーじゃダメ。２０１２年開業だからとかじゃなく、ツルッとしてるから（本書には京都タワーの悪口も）。親友・千葉真一は映画化を企画しなかったのかな？

（かわきた・えいいち）

私説・横浜ご当地演劇

やっぱ厭やねん

片山陽一

前号で片岡秀太郎丈の「温故知新の心」に触れたが、書き上げて間もない5月23日に他界された。上方歌舞伎後ありやと感に耐えない。「銀座百点」7月号は800号記念で、弟の仁左衛門が玉三郎と対談している。玉三郎が《…封建的な時代背景を現代の尺度で測って、「差別だ」などと議論になってしまうと、わたしたちのような人間はどんどん追いやられてしまうでしょうね》と言うと、仁左衛門は《そのうち、「なんで歌舞伎は女性が出たらいかんの」と、そういう話にまで行きついてしまうのかもしれない》と続けた。日本では大して流行らない新型コロナの陰で、キャンセルカルチャーなるマルクス変異株が猛威をふるう昨今、歌舞伎どころかわが日の本に後ありやの心地だ。

さて今回は、最近の横浜の演劇について書いておきたい。神奈川芸術劇場(KAAT)では今年4月に長塚圭史が芸術監督に就任して以降、地元を題材にした作品が増えた。そのどれもが、伊勢佐木町界隈で生まれ育った私に居心地の悪さを感じさせた。誰しも自分の地元には一家言あって当然だが、この違和感は創作の根本から匂ってくる。

KAAT企画製作・主催で6月に上演されたタニノクロウ作・演出『虹む街』は、当日パンフの作者挨拶によると《劇場周辺の、野毛、福富町、曙町、寿町、中華街……、横浜の街やそこに住む方たちに影響を受けて完成した》作品。主に野毛と福富町の飲み屋街をモデルにしたらしいリアリスティックなセット…コインランドリーを中央に日本人のスナック、フィリピンパブ、中華料理店などの古ぼけた街並み…そこへプロ・アマ混じった多国籍なキャストが出入りし、とくに明確なストーリーもなく90分の《寡黙劇》が展開される。よく言えばクリストフ・マルターラー風のポストドラマ演劇で、ゼロ年代に流行ったスタイルの発展形だ。

私の違和感は三つの層に集約される。一層目は、複数の地域のイメージを合成してしまっている点。横浜は麦田のトンネル(山手隧道)や国鉄の線路、大岡川の左右はもとより、町ごとに住人や歴史が大きく異なる。所謂朝鮮部落の位置や戦後の進駐軍の接収を考えるだけでも、その特殊性は理解されよう。橋を隔てた野毛と福富町を一緒くたにするなど無謀な試みといえる。パンフに作者手書きの地図が載っていたが、道幅や位置関係は不正確きわまる。歴史はおろか現在の地理すら正確に摑めていないのでは話にならぬ。

二層目は、地元住民の性格描写がほぼない点だ。アジア的多国籍な街角での日常を提示する趣向だから描き難かろうが、ではなぜ横浜に来た外国人たちが住み続けることができるのか。受入れ側たる横浜人の気質が垣間見えなくては、この場所をモデルにする意味がない。この辺りの人々は自我や家族意識が異様に強く、その裏返しに隣が何をしようと全く気にかけない。だから差別というヒマな発想がない、そんな土地柄である。数代遡れば誰もが埋立地への移住者で、普通の意味での「共同体」はないのだ。私自身、家の裏に船上生活者が係留しても、銭湯の客が入墨者ばかりでも、隣の薬局が覚醒剤を売って捕まっても、治安が悪いと思ったことはなかった。付言すると、昭和に取り残されたかの街並みだが、地元民は必ずしも貧しくはない。水商売相手の美容師が山手の家に住み、そば屋の出前持ちがベンツに乗っていたりする。仕事は仕事と割り切る横浜人は、外見で判断できないのである。

三層目は、全編がいわば旅人目線、もっと言うなら飲み屋の客目線で作られている点だ。富山市出身のタニノクロウ自ら、コロナで飲食店や旅に行かれないことが劇場に街を創出する動機になったと述べている。県民と協働しようとも、これは所詮風景論で、深く土地の人や歴史に分け入るものではない。白水社刊の脚本には《Hold me tight／横浜ベイブルース／ロマンスの街を抱きしめて》と巻頭詩があり、終盤には（実際の舞台にはない形で）上田正樹の「悲しい色やね」（作詞・康珍化）をカラオケで歌いたい云々の描写が出てくる。この歌い出しの「滲む街」から題名が採られ、サビの「大阪ベイブルース」を「横浜」に変えたものが巻頭詩の最初2行になっている。作者は創作のプロセスから区分けを曖昧にして「滲む」効果を目指したそうだが、たとえフィーリングの上でも尼崎の海を横浜の海に置き換えられるのは、「滲む」効果ではなく、単なる「交換」の手続きだろう。ご当地演歌やプログラムピクチャーのロケ地と同様、神戸が長崎でも新大久保でも差し支えないというわけだ。これは9月に上演されたKAAT主催『湊横濱荒狗挽歌』（シライケイタ演出）も同じで、『県警対組織暴力』めいた筋書きに地名や89年の横浜博が織り込まれているだけで、暴力団のある場所ならどこでも成立する芝居であった。最近流行のリサーチ系レクチャー・パフォーマンスも似たような傾向にあり、地域や対象の歴史を細かく報告しながらも、結論は全てお定まりの自虐史観に収斂してしまう。

25年目を迎えた五代路子ひとり芝居『横浜ローザ』（8月にKAAT提携公演）にしても、私も伊勢佐木町でよく見かけた白塗りの老街娼メリーさんをモチーフにした一代記だが、広島の原爆から朝鮮&ベトナム戦争、高度成長といった大文字の戦後史に回収されて、「横浜」が浮かんでこない。

この地に自ずと備わる多様性は、他人は他人と割り切る生活の知恵による。個性は調和しない。滲まない街なのだ。だからメリーさんも、出稼ぎ外国人も、よそから飲みに来る人も、一様に受け入れる。それを人情や懐の深さと勘違いする人はずいぶん多い。

ともあれ、どんな場所でも、そこで生まれ生きる人々がいる。地元の公共劇場がその上辺だけをなぞって誤解と均質化を発信するのでは、住民はたまらない。「ふるりべらるに袖はぬらさじ」か。温故知新の心はいよいよ遠い。

（かたやま・よういち）

愛妻？　アイダ・ルピノとの奇妙な関係
ハワード・ダフ『特捜刑事サム』での出会い

千葉豹一郎

1967（昭和42）年夏。数年間に渡って全米を逃げ回った『逃亡者』の完結編が8月末に放送されるとあって、巷は日々喧しくなっていた。放映局のTBSは犯人当てクイズを実施し、主人公リチャード・キンブル（デヴィッド・ジャンセン）を執拗に追いつめるジェラード警部こそが真犯人！との回答が少なからずあったという。『週刊テレビガイド』も特集を組み、本国では有罪、無罪の双方のバージョンが撮影され、ごく少数の関係者以外どちらが放送されるかは知らないとあった。日本語版制作にあたっても試写を観たのは直接の担当者のみで、吹き替え台本の印刷も専従の担当者にさせたうえ、声優陣から終了後に台本を回収し箝口令を敷く厳戒態勢で臨んだ（完結編のゲスト、ダイアン・ベーカーの声を担当された野口ふみえさんに伺った処、『逃亡者』で別の女優を何度か吹き替えたことは覚えているが、完結編についてはまったく記憶がなく彼女の声を演ったこと自体も覚えていないそうで、〝誇大広告〟の可能性もある）。

完結編の『裁きの日』は前後編で構成され、前編は自宅で後編は親友Sの家で泊りがけで観た。終盤まで引っ張りに引っ張り、憎き真犯人はやはり「俺じゃねえ」と言い続けていた片腕の男だった。晴れて自由の身となったキンブルは〝宿敵〟ジェラード警部と握手を交わすと、新たな伴侶となる女性（ダイアン・ベーカー）と「9月2日土曜日、かくて逃亡の旅は終わった」のナレーショ

アイダ・ルピノ

ンの中を去って行った。

当時の風潮からしても、キンブルが有罪になったので は神も仏もないから結果は目に見えていた。しかし、巧みな脚本と誇大ともいえる宣伝が奏功して高視聴率をマークし、銭湯がガラガラになったという逸話も残っている。振り返ってみれば、過去には来日時に10万人が羽田に押し寄せ当時の池田総理まで面会を求めたロバート・フラー主演の『ララミー牧場』、ケーシー・ルックと称される着丈の短いスポーティーな白衣を医療現場に定着させ慶大医学部の倍率まで押し上げた『ベン・ケーシー』等、外画ドラマが社会現象を巻き起こしたのは『逃亡者』が最後だった。テレビ草創期から隆盛を誇った外画ドラマも、国産番組の充実や洋画劇場の増加等もあって陰りが見え始めていた。内容的にもネタ切れやマンネリ化も目立ち、かつてのように胸躍る番組が減ったのは間違いなかった。世代的にテレビの発展と共に育ってきた自分の世界と関心も、次第に映画へと広がっていった。それでもこの年は『ジェリコ』『タイムトンネル』『スパイ大作戦』『インベーダー』等の人気番組が登場し、『逃亡者』の後の土曜9時からは『かわいい魔女ジニー』とロバート・ロジア主演の『ザ・キャット』の2本立てがNETで放映され週末の定番だった。しかし、秋の番組改編で楽しみにしていた『ザ・キャット』は消え、最終回は今度はうちへ泊りがけで来たSと一緒に観た。次週からの新番組『特捜刑事サム』(The Felony Squad　1966～69)の予告は、車が警察署に突っ込む場面や佐藤まさあきの劇画に出てくる主人公を金髪にしたような若いのが映し出され期待が高まった。翌週、待望の番組は画面に向けた拳銃が火を吹きストップモーションのかかる冒頭(IN COLORの表示が出るのが時代だ)からぐいぐい引き込まれたが、金髪の若いのは部下のジムで主役のサムは何とボクサー崩れみたいなオッサン! 名前もハワード・ダフとダフ屋みたいだ(笑)。ついでに言えば、ジム役のデニス・コールもテニスコートと語呂が似ている。週明けに会ったSもおよそ主役らしからぬ容貌に驚いたらしく、「ダフ屋とテニスコートだな」と笑い合った。でも、このオッサン悪くない。名優久松保夫氏の吹き替えも相俟って、毎週観ているうちにだんだん良さが解ってきた。Sも後には「いい役者だよな」と同様な感想を持ったようだった。

舞台はロス市警の重罪特捜班(原題)。『裸の町』(48)や『野良犬』(49)以来定番のサム・ストーン部長刑事と若手のジムの年の差コンビに、『ドラグネット』の初代相棒役ベン・アレキサンダー演じるジムの父親で指令室勤務のダン・ブリッグス（なぜか同時期の『スパイ大作戦』の初代リーダーと同じ役名）を中心に展開され、たまに署長のネイ（フランク・マックスウェル）が出てくる。特捜班といっても動き回るのは殆どサムとジムだけで、凶悪犯から大物が絡む知能犯まで様々な事件を解決してゆく。捜査物では既に少なくなっていた30分枠なのでテンポがよく、アクションも切れがよくて内容的にも結構濃かった。死刑執行直前に冤罪を訴えた死刑囚のためにサムたちは負傷までして奔走するも間に合わず、「済まなかった。やったのは俺だ」との伝言（遺言？）が残されていた一編などが印象深かった。

また、『俺たちに明日はない』(67)や『ワイルドバンチ』(69)に先んじて犯人が射殺される場面にスローモーションを用いるなど先進的なこともやっていて、マイケル・リッチー、リチャード・ドナーら後に活躍する人材が監督を務めていた。男同士の信頼と友情、父子の愛情、手向かう奴には容赦なく銃口を向ける反面、自らも従軍していた朝鮮戦争で精神を病んだ容疑者には終始温かく寄り添うサムのキャラクターなどが巧みに描かれ、全体にスタイリッシュな作りだった。『逃亡者』や『スリラー』等のピート・ルゴロ作曲のテーマ曲はエレキのビートを効かせていかにも１９６０年代風。サムとジムは大抵スーツではなくジャケットに替えズボンといういで立ちで、よく着ていた薄いブルーのボタンダウンのシャツが何ともお洒落に見えた。こんなシャツ着ている大人は、その頃日本には殆どいなかった。色調もすごく綺麗でロスの近代的な街並みや警察署にあるキャンディやコーヒーの自販機なんかも日本とは雲泥の差に思えた（当時コーヒーの自販機があったのは『テアトル東京』くらいだった）。同じ20世紀フォックステレビの『弁護士ジャッド』(主演は『うちのママは世界一』でドナ・リードの夫をやっていたカール・ベッツ。南原宏治が吹き替えていた）や『バットマン』にサムとジムが同じ役で出演する回もあったりして、地味ながら本国では結構人気番組だった。

しかし、日本では半年で打ち切られ、２年後の70年秋に『逃亡地帯・犯人を追え！』と改題され『日曜洋画劇場』の直後の時間帯に残りの一部が放映されたものの、当初から知る人さえ少なく真価を発揮出来なかったのが何とも悔しい。『スクリーン』の〝刑事諸氏は帽子がお好き〟とかいう単発記事でも、「無帽なのは『ＦＢＩ

『特捜刑事サム』。ハワード・ダフ（右）とデニス・コール

『特捜〜』三人衆。左はベン・アレキサンダー（『西部戦線異状なし』（30）にも出ていた、サイレント時代からの子役上がりの大ベテラン）、ダフ、デニスと

アメリカ連邦警察』のジンバリストくらい」なんて書かれて完全に無視。『特捜』のダフがいるじゃないか！とえらく立腹したのをよく覚えている。

実はこのシリーズ、元々は売り出し中のバート・レイノルズのための企画だった。ところがレイノルズがゴテたため急遽ダフにお鉢が回って来た。渋いダフが主演とあって先行きが危ぶまれたが、年齢もキャラも違うダフに合うよう様々な設定変更がなされ、サムという役名も後述するダフがラジオで演じ当たり役となったサム・スペードから取ったものである。ゴードン・ダグラス監督のパイロット版『Men Against Evil』を経てシリーズ化され、本誌34号で取り上げたウォルター・グローマンが制作総指揮を執った。結果は事前の懸念をよそに3年続く予想外の人気を得て、ダフにとっては会心の代表作となって一話を監督もしている。初レギュラーのデニス・コールも『華麗なる世界』『痛快！自動車野郎！』と続き『チャーリーズ・エンジェル』のジャクリン・スミスとも結婚する（後に離婚）出世ぶりで、これもダフの好演があったればこそだ。いかにも叩き上げのベテランらしい自信と頼もしさにあふれ、まだ青さの抜けない若いジムの純情さを浮き立たせ鮮やかな対比を醸し出した。リアリティと頼りがいの点では草創期の『ハイウェイ・パトロール』のブロデリック・クロフォードと双璧で、やっぱり〝男は顔じゃない〟。大の贔屓ではあったが、『アンタッチャブル』のロバート・スタックや『ＦＢＩ』のエフレム・ジンバリスト・ジュニアら他の捜査物の主人公たちはちょっと二枚目過ぎカッコも良過ぎた（本物のエリオット・ネスはスタックよりむしろハンサムだったが）。

くしくも、『特捜』が一旦終わった直後中学生になって一人で映画館へ通うようになると、映画が主でテレビは従となり、肩入れした監督や俳優の作品は極力網羅するようになった。世界的にまだ〝映画スター〟が健在で、『スクリーン』と『テレビジョンエイジ』とでは読者層もかなり違い、テレビスターを格下に見る傾向も強く感じた。思えば、スタックやジンバリストを筆頭に熱心に観ていた番組の主演俳優たちにも一様に好感を持ったが、他の出演作は一応観てみるかくらいで追いかけるという程ではなかった。肉声も聞きたさに観た『消えた拳銃』(67)のジャンセン（睦五郎とは程遠いジャラ声にびっくりした）も『太陽のならず者』(67)のスタックも、『暗くなるまで待って』(67)のジンバリストも有名銀幕スターと並んだ大画面では精彩を欠き、映画スターとテレビスターとの差を実感したものだった。

スタックに至っては、『アンタッチャブル』のあまりの好演ゆえに他の出演作がかすんでしまった。オスカー候補にもなった『風と共に散る』(56)と、『センチメンタル・ジャーニー』(46)のリメイク（と観ているうちに気づいた）で『風〜』のローレン・バコールと再び夫婦を演じたジーン・ネグレスコの『愛の贈物』（58未）が印象に残るくらいで、以後の主演シリーズも振るわなかった。ギャバンの『太陽～』に呼ばれたのも、フランスで教育を受けたためアメリカ男優には珍しくフランス語が堪能だったからだろう。映画スターに返り咲いたマックィーン、イーストウッド、リー・マービン、ブロンソンらごく少数の成功例を除いては、ヒットシリーズの主演者たちの多くはそのイメージにも縛られてテレビスターの域に止まらざるを得なかった。消えていった〝一発屋〟も少なくなく、大方が演技力や華やかさに乏しかったのは否めない。その中でダフはテレビシリーズで出逢った最後の、そして俳優としてもお気に入りになった数少ない存在だった。昔から二枚目や美人と並行して、こういうクセの強い渋い俳優も好みなのだ。

『真昼の暴動』（47）のパンフ。表紙はB・ランカスター

しかしその後、ダフを観たのは『土曜映画劇場』にかかった原住民を扇動しヴァン・ヘフリンと対峙するジェフ・モローの弟に扮した冒険アクション『タンガニイカ』（54）、やはり刑事役の『テレビ名画座』の『口紅殺人事件』（56）、荒砂ゆきがキム・ノヴァックの声を吹き替えていた『木曜洋画劇場』のピンクコメディ『プレイボーイ』（62）くらいで、劇場や他の旧作でお目にかかることはなかった。

それもそのはず。調べてみると、他の俳優たちとはいささか異なる経歴を持ち、女流監督の先駆けとしても評価の高いアイダ・ルピノの夫だった。『ハイ・シエラ』（41）のヒロイン、『まごころ』（46）のエミリー・ブロンテ役等で知られるルピノも、この頃はいかにも強そうなオバサンに変貌していて、こういう女性の夫であるダフに余計興味が湧いた。

☆

1913年ワシントン州チャールストンの生まれ〈殆どの年鑑では1917年生まれとなっている〈笑〉〉。地元のルーズベルト高校を経てシアトル演劇学校を卒業。第二次大戦中は空軍に入隊し、ラジオのアナウンサーから出発して『The Adventures of Sam Spade』で、ハンフリー・ボガートが『マルタの鷹』(41)で演じた私立探偵サム・スペード役を4年間に渡って務め人気を博した。この間にユニバーサルと契約し、『真昼の暴動』(47)で映画デビュー。ラジオを聞いたプロデューサーのマーク・ヘリンジャーが見出したとも、監督のジュールス・ダッシンが舞台を観てスカウトしたともいわれ、オープニングでわざわざHOWARD DUFF Radio's "SAM SPADE"asSOLDIERと紹介されて、『泣き笑い人生』(49)の劇中にもこの番組が流れるシーンがあった。

ダフは脱獄を企むバート・ランカスターの仲間を演じて幸先の良い映画デビューを飾り、アーサー・ミラーの戯曲の映画化『All My Sons』(48 未)でもランカスターと再共演。『真昼～』に続くヘリンジャーとダッシンのコンビによる『裸の町』(48)にも再び起用され、宝石泥棒の一味役で注目を集めて、低予算のフィルムノワールや西部劇等で主役や準主役を演じるようになる。実力派のタフガイスターとして結構な有望株だったのだが赤狩りに巻き込まれ、ラジオの仕事を失ってユニバーサルも離れる。ルピノと結婚したのはこの頃で、意外にもその前はエヴァ・ガードナーとも付き合っていたらしい。英国の名門演劇校出身のルピノは同国人の俳優ルイス・ヘイワードと最初の結婚。戦前から人気を得て、ダフとの結婚直前まで後に『世にも不思議な物語』や『鬼警部アイアンサイド』等も手がけた制作者、脚本家のコリアー・ヤングと結婚していた。ダフとの再婚後すぐに一人娘が生まれていて、何やら不倫の匂いもする。

戦前からのキャリアに加え監督としても頭角を現していたルピノとダフとではいわば格差婚ながら、面白いのはこの三者の関係だ。ヤングはルピノと設立したプロダクション『The Filmakers Inc.』が存続していたとはいえ、離婚後も前妻たちと関わり続けている。ルピノの監督としての高評価を決定的にした『The Hitch-Hiker』(53 未)ばかりか、ルピノとダフが夫婦共演したドン・シーゲル初期の『地獄の掟』(54)の制作と脚本(共にルピノと共同)も引き受けている。後者は大金強奪犯を追う2人の刑事スティーブ・コクランとダフに、唯一犯人の顔を知るルピノが絡む悪徳警官物。この年はどういう訳かフレッド・マクマレーがキム・ノヴァックと大金をせしめようとして自滅する『殺人者はバッジをつけていた』、ロバート・テイラーの題名もズバリの『悪徳警官』がある悪徳警官物の当たり年だった。『地獄〜』ではルピノによろめくのはダフではなく独り者のコクランで、ダフには妻のドロシー・マローンがいる。2人に追い詰められた犯人の車が崖から転落して即死し、大金に目の眩んだコクランは一部を懐に入れダフも引きずられてしまう。しかし良心の呵責からダフは秘かに上司のディーン・ジャガーに報告し、コクランと金の隠し場所のキャンピングカーへと向かう。日本では添え物扱いの中編として公開されたが、好みの顔ぶれにダフもお得意の刑事役でいい味を出していて前期の代表作のひとつと言ってもいいだろう。ただ一般的にもシーゲル作品としても評価は低く、シーゲル自身にとっても苦い思い出の残る不本意な作品だったようだ。雇われ監督だったシーゲルはヤングやルピノとことごとく対立を繰り返し、彼らのことを〃才能はあるが気取った肩の凝る人たち〃と評している。

　ヤングはその後もルピノと

『タンガニイカ』(54) のパンフ。左からルース・ローマン、ダフ、ヴァン・ヘフリン

ダフ共演の初のTVシリーズ『Mr.Adams and Eve　1957〜58』のクリエーターと制作も手がけ、再婚したジョーン・フォンテイン主演の『The Bigamist』(53未)の監督をルピノに任せ共演までさせて、なかなか複雑な人間模様だ。しかし、55年に『The Filmakers』が解散したこともあって奇妙な図式は解消へ向かい、ダフとルピノは共演作も増えはじめ有名なおしどりカップルとなってゆく。犯行現場に口紅の落書きを残す連続絞殺魔を追うフリッツ・ラングの『口紅殺人事件』もその1本。ダフは主人公の新聞記者ダナ・アンドリュースの幼馴染みの刑事を演じ、ルピノはアンドリュースの失脚を目論む同僚ジョージ・サンダースに言われアンドリュースを誘惑しようとする愛人の記者に扮していた。

ボガートとバコールのようにこの手の作品の夫婦共演がもう少しあったらよかったのにと思うが、ダフはこの前後からテレビに主力を移し、『空想科学劇場』『ヒッチコック劇場』『ミステリー・ゾーン(トワイライト・ゾーン)』『コンバット!』『バークにまかせろ』『バージニアン』『アイ・スパイ』等の人気番組を含む多くのシリーズにゲスト出演。『ボナンザ』ではマーク・トゥエインに扮していた。キネ旬の1953　54年版の『アメリカ映画大鑑』にはダフが載っているが、この時点での日本公開作は『裸の町』だけで、以後も『地獄〜』『タンガニイカ』『口紅〜』に10年遅れで『真昼の暴動』が輸入されたのみだ。他の未輸入作のテレビ放映も殆どなく、特に西部劇は観たことがない。ルピノとの『Mr.Adams and Eve』も2度目のシリーズとなる単独主演の『Dante 1960-61』も、ゲスト出演した前記以外の番組の多くも放映されなかった。久々の映画『プレイボーイ』(62)は、何か面白いことないかなと不満な毎日からの逃避を願うジェームス・ガーナー、ダフ、トニー・ランドールらサラリーマン4人組が、折よく現れたキム・ノヴァックをまんまと割り勘で囲うが、彼女の目的は郊外に住むサラリーマンの性的志向についての論文を書くためだった……。

数少ない日本公開作を割と短期間に観られ、『プレイボーイ』で意外なコメディセンスに触れられたのも運が良かった。出世作の『裸の町』も数年後にようやくお目にかかれた。放映日にどうしても外せない用で地方へ行っていたのだが、プレスリーの急死で『ブルー・ハワイ』(61)だったかに差し替えられ後日にずれ込んだお蔭だった。

『特捜』が放映されてからは、『スクリーン』や『テレ

『口紅殺人事件』（56）プレスシート。下の疾走しているのがダフ。中央は犯人役のジョン・バリモア・ジュニア

ビジョンエイジ』の記事や年鑑等に取り上げられるようにはなったが、映画にも出ているラジオの声優出身のテレビスター（『ボナンザ』の家長役ローン・グリーンも同様）という扱いで当たらずとも遠からずだった。

せっかく贔屓になったのに、世代交代や変革の波もあって銀幕での活躍の場はますます狭まり、『特捜』終了後の70年代に入ると捻りの効いた『誘拐』（73）等のTVムービーの他、以前にも増して『マニックス』『ドクター・ウェルビー』『サンフランシスコ捜査線』『チャーリーズ・エンジェル』『ロックフォードの事件メモ』を含む多数の人気番組にゲスト出演し様々な顔を見せた。アンソロジーの『ポリス・ストーリー』では十八番の刑事役を度々演じ、『フラミンゴ・ロード』の悪徳保安官役で久々のレギュラー出演。南部の旧家のスキャンダルを中心にしたドロドロの愛憎劇で、当時全米で大人気だった『ダラス』（こちらにもゲスト出演している）と同じ系統のドラマ。この前年に鳴り物入りでテレ朝に登場した『ダラス』や後にNHKの『ダイナスティ』が大コケしたように、どうもこういう話は日本人には理解が及ばず生理的にも受け入れ難い。ダフを目当てにうんざりしながら我慢して観ていたが、尻切れトンボのまま数カ月で打ち切られ本国でも長続きしなかった。

その一方、前後して『特捜』の二度目のリピートがあり、ロバート・アルトマンの群像コメディ『ウエディング』（78）、ダスティン・ホフマンの弁護士に扮した『クレイマー、クレイマー』（79）、上院議員役の『追いつめられて』（87）等の映画出演も再び増えて、ロバート・ダウニー・ジュニアの『ストレンジ・ピープル』（90　未）を遺作に92年に死去した。年齢もあってかつてのように大きな役ではなかったとはいえ、大画面でも円熟の貫録を示し特に『クレイマー〜』ではホフマンにも引けを取らない好演を見せた。最後に観たのは、愛娘たちに背かれる富豪に扮したテレビの『ジェシカおばさんの事件簿』だった。コンスタントに永く出演を続け最期まで現役だったが、赤狩りの影響もあってか有名主演映画がなくテレビ中心で推移したのが本当に惜しまれる。なまじ実力と強い個性を兼ね備えていたため、重宝に使い倒された観もある。俳優はやはり作品、そして運にも恵まれることも大切だとつくづく思う。『特捜』という代表作があったのはせめてもで、よくぞバート・レイノルズはゴテてくれたものだ。ルピノの夫として語られることも多かったが当初から堂々として押し出しも良く、格差婚どころかむしろお似合いの夫婦に見えた。その夫人とは『特捜』のスタート時から別居生活に入り、正式に終止符を打ったのは20年近く経った１９８４年のことだった。その間も夫婦役の『外科医ギャノン』はじめ何度か共演したりしていて、両者の関係は他人からはうかがい知れないところがある。代表作の『特捜』と時期的に絡んでいるのも何か意味深だし、２年後に再婚した一般女性はルピノによく似ていたといわれる。強面のタフガイの意外な一面で、十数匹もの猫を飼う〝私は嫌いな猫に逢ったことがない〟という大変な愛猫家だったのも嬉しい。

（ちば・ひょういちろう）

東京土人のひとりごと
演技が肝腎

永井啓二郎

言葉が変質している。それも標準語が。いまさら純正の下町弁、山の手弁を求めはしない。どちらの使い手も団塊凸凹で消えたし、当方にしてからが下町訛を殺し慣れて、高度成長期に出来たＮＨＫ製標準語で生活している。それすらも平成以降、崩れてきた。ナレーター、アナウンサー、声優といった、声で商売してる連中が、不思議な抑揚で喋るようになった。ＣＭなど大事な商品の宣伝なのに、こんなに訛っていてスポンサーが怒らないのかな。某有名テレビ局に訛りのキツいベテランアナウンサーがいて、此奴が東京生まれだと言ったときは衝撃を覚えた。

渡辺文雄『江戸っ子は、やるものである』（みずうみ書房　昭和63年刊）は昭和十年代の神田を舞台にした少年期の回想だが、このタイトルがシビレるね。これは文雄少年の父親の科白。静岡の田舎から出てきた彼は、東京に溶け込もうと、周りの人たちの言葉を真似、礼儀作法を学び、江戸っ子を「やる」ようになった。べらんめえで喋り、喧嘩っ早いのは最初こそマネだったろうが、そのうちそれが本質になってゆく。つまりは江戸っ子の「演技」に達者になったわけ。でもそれこそが、田舎者の集合体・東京の正しい「東京人」の成り方なのだ。オレの父方の祖父母は山形の出で、震災直後に流れてきたんだが、下町言葉は完璧だった。それがボケ始めたら、両方とも山形弁に戻っちゃった。やっぱり演技してたのネ。

田舎で空想していた偽りの都会像を捨て、謙虚な心を持って先輩に学ぶこと。これが肝腎だ。長門勇は郷里の岡山弁を売物にしていたが、実は標準語もバッチリ。浅草の軽演劇に入ったとき、東京人の仲間に「会話の流れを止めることになって迷惑だろうけど、ちょっとでも変な抑揚があったら、いちいち指摘してくれ」と頭を下げたそうだ。沖縄出身の津嘉山正種（彼のナレーション素敵だよね）も青年座入団のとき、同じことを友人に頼んだという。劇団というものに、基礎的な教育機能があったのだ。…訛りが抜けない俳優を批判しているのではない。彼等は悩んだ末に、朴訥キャラクターで喰うことにした。それもまた適応だ。

困るのは訛りの自覚が無いこと。役者では佐藤Ｂ作が典型。東北人も東京人もナニ人でも変化なし。あれ標準語のつもりなのかしら。彼はヒトの下につくのがイヤだからと、ハナから劇団を主宰した。教わることを、謙虚になることを拒否したところから出発している。プライドが高いから親切で注意する人があっても聞かなかったんだろう。己の故郷を捨て、でも東京人を「やる」こともしない根無し草。土台がグラグラだから何をやっても説得力が無い…いや、待てよ。彼は敢えて「東北弁が抜けない東京生活者」を演じてるのかしら。今はそういう人多いからネ。だとするとＢ作は、リアルな現・東京人を体現する、稀有の才能の持ち主なのかも。

（ながい・けいじろう）

脚本家・水木洋子のXYZへの道⑩

徹底した調査

奥薗守

『純愛物語』

一九五七年、東映のプロデューサーであるマキノ光雄と組んだ本田延三郎は、復員した医学生と原爆症の娘のラブロマンスを『また逢う日まで』の姉妹編として、今井正監督で企画していた。この話を受けた水木は、原爆ものはソッポを向かれるという観る人の拒絶反応を、少年少女の恋をチャリンコの特殊世界に引き込むうちに忘れさせようと思った。

水木はこれより五年前、上野近くの宿屋に半月ほど泊まりがけで一日中、浮浪者たちのあとについて歩き回っている。それは、上野駅周辺をねぐらに暮らす浮浪者や夜の女たちをセミ・ドキュメント手法で描こうとする『夕刊小僧』のシナリオハンティングを行っていたからである。監督は田坂具隆で撮影準備が進められていたが、製作費の問題か、監督の体調不良のため製作中止になった。

水木には、苦労を重ねて取材した浮浪者や上野周辺のドヤ街で暮らす人たちの調査資料が残されていた。今回はさらにテーマをより深く掘り下げていくために、家庭裁判所や法務関係、それから原爆関係の調査にタップリ時間をかけることにした。

「自分が身体張って、身銭をきってでもやらないと、いい仕事はできない」と豪語した水木である。自分が納得するまで、書いては直し、書いては直している。当然、脱稿までは時間がかかる。今井は〝忍〟の一字で、書き上がるのを待つ。しかし、待ちきれなくなった今井は、水木に手紙を書いた。粘りの今井も、ついに音を上げたのである。

何とかして一日でも早くシナリオを書きあげていただきたいのです。あなたが少しでも良いものをと頑張っていて下さる事は私にもよく分かりますし、そのことは大変有り難く思っているのですが……

撮影所でも三月よりクランク開始のスケジュールをたて、ステージの準備をし、スタッフを待機させております。あなたをせかせて、苦しませること、大変辛いのですが、三月上旬にクランク開始出来るよう、御努力願えれば、本当に有り難いです。

なおも、水木は苦闘する。そして、まだ書き終わらないうちに撮影が始まった。

「絶叫することはたやすい。裏に沈潜させて抑えろ抑えろと自分に言いきかせながら、どうやら書き終わっても、まだ終わった気がしないで、明日もまだ書き続けるような錯覚がとうぶん抜けないでおかしかった」と、水木は言う。

『純愛物語』は、原爆という生の素材を文化映画以上の広い層に抵抗なく観て貰いたいという願いから、スイートなそして現実感をもった作風にしたいと水木は考えていたのである。そして戦後の街に浮浪する少年少女を主人

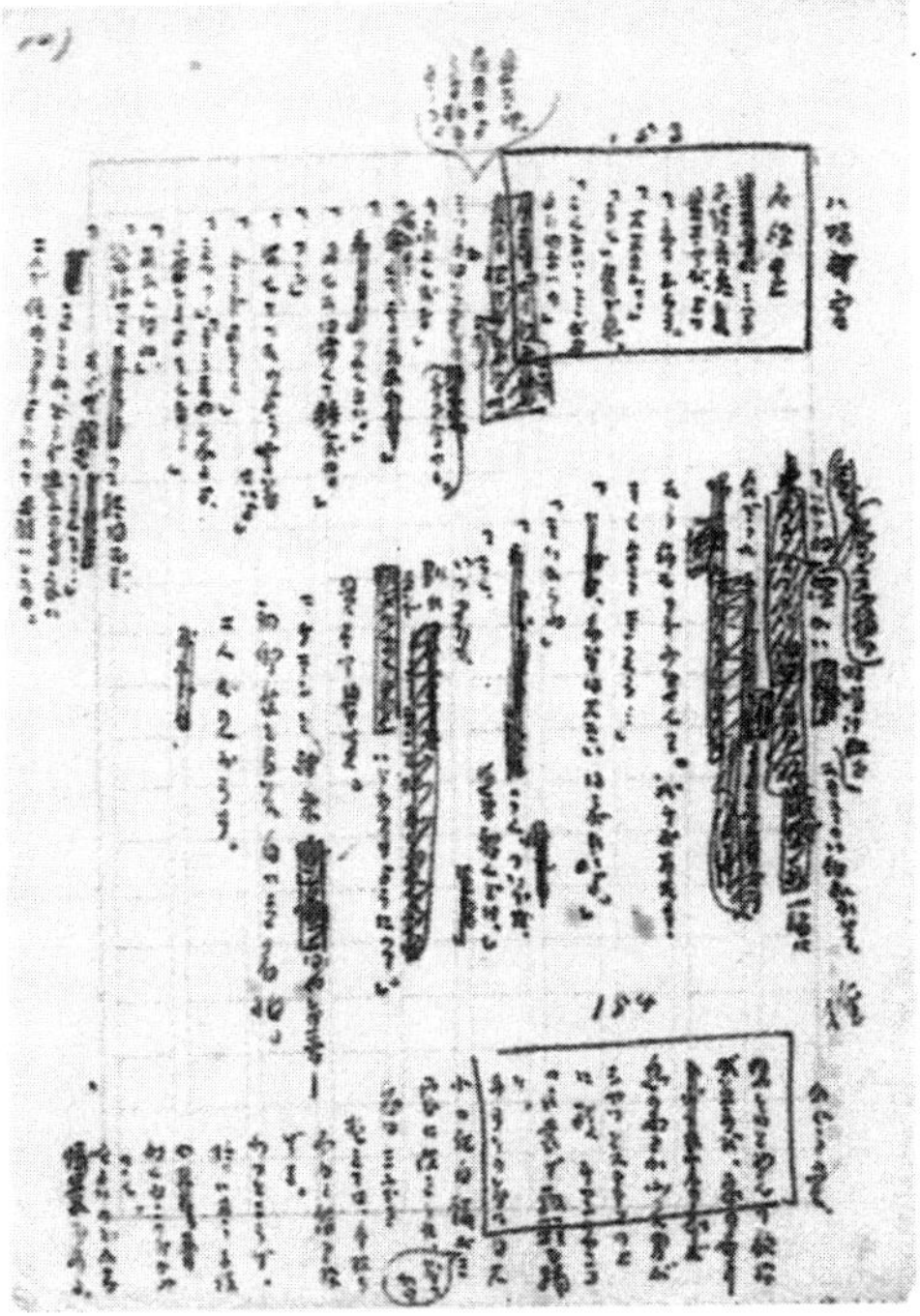

『純愛物語』の箱書き

公にして、ここに登場する全部の人間像はいずれも生きることへの切望と努力に終始するようにしている。

「だから、この物語に出てくる様々な出来事は、みんな私の目撃したことばかりです」と水木は言う。

私は何人かの原爆患者に会った。日本だけが世界に向かって、その恐ろしさを如実にもの言える体験者でありながら、敗戦の惨禍の一エピソードとしてしか訴えきれないもどかしさを、私はいつも感じるのだが、それぞれが多忙で、おのおのの生きる道に精いっぱいに追われている片隅で、この原爆患者たちが、この十四年を、そして未来永久にその責苦を負っていかなければならないことに、憤懣やるかたないものを覚えるのである。その犠牲者たちは、なにも罪のない善良な市民たちである。（中略）原爆を落とした国の市民たち、また落そうという国の市民たち、同じ責苦にあなたがたも喘がぬよう、この痛苦を知るもののみが声を大きく叫ばずにはいられない。

（京都新聞　一九五八年八月七日）

原爆症と闘いながら更生の道を努力するミツ子と、それを助ける身寄りのない少年貫太郎。この不良少年の貫太郎とミツ子が愛し合うようになるが、ミツ子の身体に巣くっていた原爆症状が悪化し、貫太郎の手をつくした介抱のかいなく死んでいく。

ミツ子と貫太郎のなんでもないような会話、例えば二人は一年振りに会う。

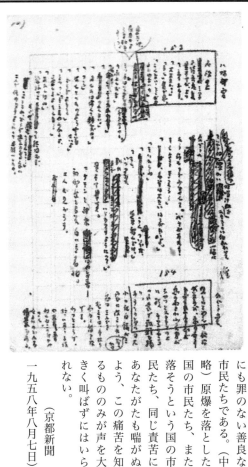

「（鼻水をずるずるこすりながら性急に）時間がねえんだ俺、抜けて来たんだから……」「風邪ひいちゃったの？」「うん」とか「あたい今日まで待ってたんだもの……ヤバイことしないで、なんでもいいから仕事みつけて、出てくるのを待ってなきゃと思ってさ……やっと今んとこ、探したんだよ」「俺を待ってたのかい？」「うん、そうよ」といった会話の積み重ねのなかにドラマの深度を掘り込んでいく計算をしている。

当時は、人に会いたがらない原爆患者の実態調査で、第一次性放射能と第二次性の区別も分かってきて、直接被爆しない人が、第二次性の患者として徴候をあらわしてくる恐怖の症状を追求して、主人公たちが生きようとする幸福への希望を魔の手が奪ってゆく、その過程を水木は描こうとした。しかし、撮影はスムースに行かない。

　最初のシーンで上野駅の駅員がホースの水で浮浪者を追っ払う所は、上野駅から文句がでた。また日赤での原爆患者の診療シーンは、アメリカから原爆病治療の資金を貰っている関係で、反戦思想を訴えるような描き方は困るという申し出が日赤からあった。しかし、水木はすべて事実でちゃんと目撃したことだけを書いたのだからと妥協しなかった。

　封切られた映画に対し、滋野辰彦は〈『あらくれ』は『浮雲』の延長線上にあり『純愛物語』は『また逢う日まで』の新たなるヴァリエーションである。同じ一人のシナリオ作家の魂が、このように別の映画にはっきり感じられるのは、日本の映画では極めて珍しい例である。水木洋子が自己を持ち、オリジナリティのあるシナリオ作家であることの証明であろう。水木の脚本には、いつも全力を傾けていることが感じられるが、全力をつくすことができることが、そもそも貴重な才能なのである〉と。

　毎日新聞は〈鋭い悲しさ〉の見出しで〈東映調の大型画面と色彩の効果も勘定にいれなくてはならないけれど、こういう深刻な問題を錦之助や橋蔵の娯楽番組中心にして出来上がっている東映映画の流れのなかに、うまくはめ込んだ作者たちの腕と頭は高くかえる〉と評価し、さらに〈新鮮なおどろきと重たい意味を打ち込む〉と。

　朝日新聞は〈原爆少女に寄せる愛情、気品ある秀作〉の見出しで〈水木洋子の脚本を今井正監督が感動的に盛り上げており、期待された通りの秀作である。うっかりすれば、甘ったるい話になりがちなものを、これだけ気品ある秀作に仕立てたのは、演出の手腕だ〉と評した。

　今井は、この映画に対し「原水爆反対というテーマをむき出しにしてやるというのは僕は好きじゃないし、水木さんもそうでした。この作品については脚本の水木さんの功績が大きいですね」と語った。

『怒りの孤島』

　一九五八年二月、日本映画としては、これまで見られなかった異色作と銘打って封切られたのが『怒りの孤島』である。この映画は、一九五四年にNHKから「舵子」と題して放送された連続ドラマが話の元になっている。

　「舵子」は瀬戸内海の小さな島で起きた少年たちの人身売買、児童虐待の話で、新聞に労働基準法違反事件として掲載された記事を読んだのが水木の書く動機となった。

　水木はまず自分の目で確かめようと、広島、山口、愛媛三県にまたがる瀬戸内海一帯を歩き回った。舞台となった山口県大島郡の情島の周囲は、潮の流れが速く、瀬戸内海屈指の好漁

『怒りの孤島』は松竹配給だった（「朝日新聞」広告）

場でタイ、スズキ、メバルなどの宝庫で一本釣りが盛んである。水木は事件の起きた情島で、労働基準監督官への供述調書、少年たちの生い立ちなど、関係者に会って調べた。その結果、舵子が家畜同然の扱いをされていたことを知る。船をあやつる「舵子」といわれる少年たちは、常に空腹と睡眠不足に襲われる。仕事を怠けると、親方は情け容赦ない仕打ちを加える。空腹に耐えかねて盗み食いをすると、檻に入れられる。檻に入れられ餓死した舵子に、遂に仲間の怒りが爆発した。五人が船を奪って脱走し、事件が明るみに出たのである。この五人の舵子の経歴も丹念に調べあげ、三回にわけて「舵子」がNHKから連続ドラマとして放送された。

映画『怒りの孤島』は、日映で久松静児監督で映画化することになった。日映は既存の映画六社に対抗して新たに制作・配給・興行に乗り出そうとしたが、構想段階で幻となった。代わって制作部門だけが独立プロ日映として誕生し、その第一回作品として取り上げたのが『海は知っていた』改め『怒りの孤島』であった。

ロケは事件の背景となった瀬戸内海の情島ではなく、宮城県金華山沖で八月に約一カ月かけて行われた。しかし、完成したもののシナリオとこれほど異なった映画は珍しい。水木自身「主張しているものが大分違いましたね」と認めている。

水木は、「映画評論」（一九五九年七月号）の座談会で「『怒りの孤島』のときは各会社が取り上げるまでに、紆余曲折したのです。日映という会社がやっと久松さんでやるということになったんですよ。そのときに日映というのはこういう現状だということを、久松さんがるると聞かされている。それで台風シーズンにロケーションに行った。そうすると、二〇日間は手を尽くして天気待ちしたけど、自分がプロデューサーをかねているから、日数がなくなったことから、撮らないで帰ってきてその話のつじつまを合わせて、とにかく一本損をさせないということが先決問題だったので、いろいろ筋を変えちゃうし、そういうことを了承して下さいということをあとで監督さんから言われたんです。それで、もうそのときは仕方がなかったわけですよ」と述べている。そして、「ちょっと筆舌に尽くせない苦労をしたでしょう」と、むしろ久松監督に同情していた。

荻昌弘は、〈水木氏があのシナリオで言おうとしたことは、映画に描かれたような、官僚とジャーナリズムの監督下、孤島の島民と舵子たちにヒューマニズムの交流が行われることによって、はじめて〝幸福〟が生まれる、というテーマでは全然なかった。氏がそこで言おうとしたのは、この日本の貧しいありようの中で、官僚とジャーナリズムが島民を攻撃し舵子たちを監視すること、その一見ヒューマニズムなポーズは、現実に対して何の実行も生まないのみか、問題を他にそらす点でむしろ有害である、というむしろ絶望的な悲憤であった、と私は読んだ〉(「映画評論」一九五九年一〇号)と、書いている。

脚本の上でも欠陥の多いものに違いない、といいながら地方からの反響は『ひめゆりの塔』以来だった。作品の不出来なものがこんなに反響を得たというのは、どういうことだろう——と、水木は不思議がった。映画評は、概ね良好なのだ。

〈この放送劇を書いたのが、女流シナリオ作家の第一人者水木洋子(純愛物語の作者)で映画の脚本も彼女が書いている。そのたくましい創作意欲は、高く買われてよい。みじめな話だが、大型色彩映画で見せる風景が美しい。最後で少年たちが不幸な環境から救われたときは、思わず安心の胸をなでおろす。ノースターの映画だがそんなことにはおかまいなしに、実のある内容で見せる異色作である〉(週刊女性)

〈救いのない日本の悲劇〉の見出しで、〈ここに描かれている社会的悲劇は、法律や取締りでは勿論、ヒューマニズムとか善意くらいでは解決しようがない。今の弱点そのものから発している悲劇である。水木洋子が、放送劇「舵子」から自ら映画用に脚色したものだが、『純愛物語』といい、この女流作家の社会的凝視力のたくましさは、驚くべきものがある〉(週刊東京)

〈昭和26年に、この小島における舵子制度というものが脱走少年たちの告発で社会に知られ、水木洋子のラジオ・ドラマで放送されたらしいが、ひとくちにいうと人質事件である。これを以って現実が日本の地方社会に今もなおあるということは驚くべきことで、それを映画で訴えたのは大いに意義がある〉(週刊朝日)

しかし、日映は二作目の『悪徳』(船山馨原作、佐分利信監督、猪俣勝人脚本)を製作しただけで、資金難から解散状態に追い込まれた。

(おくその・まもる)

歌謡映画小論①

歌う映画スター・高田浩吉

♪エーそれそれそじゃないか

二階堂卓也

歌謡映画という言葉は割と安易に使われてきたようで、その概念を私なりにアッサリいえば、ヒットした曲名を題名にいただき、主題歌とした映画ということになるのだが、歌の内容やムードにマッチしているドラマもあれば、単に冒頭や劇中、あるいはラストに流しているだけの例もある。とはいうものの、『喜びも悲しみも幾年月』（57・松竹＝歌・若山彰）や、『南国土佐を後にして』（59・日活＝歌・ペギー葉山）を歌謡映画とは誰も認識していまい。

この分野を本格的に論じるには「船頭小唄」や「籠の鳥」が映画化された大正期まで遡らなければなるまいし、当時の世相、風俗も無視できないと思うから正直、私には荷が重い。まだマス・メディアが発達していない時代だから、歌や映画に対する一般大衆の認識が如何ほどのものであったのかも把握できない。ちなみに、右の2本の封切りはレコード発売の（各々）2年後、1年後だ。

歌謡史で「♪昔恋しい銀座の柳」で始まる「東京行進曲」（歌・佐藤千夜子）が映画主題歌第1号とされているのは、映画会社（日活）とレコード会社（ビクター）の初のタイ・アップという点を評価してのことらしい。こちらはレコード発売（昭和4年5月1日）から1か月後に同名映画が封切られた（溝口健二監督）。無声映画の時代なので映画館には蓄音機が置かれていたという。〝サーカム・サウンド〟の元祖か（笑）。

映画がトーキー（発声版）時代に入ると、映画主題歌がブームになったこともある。歌謡曲という言葉は当時から放送・レコード業界で使われていた一方、流行歌とも称され、レコードにもそう刻まれている例が多いが、〝歌謡映画〟なる呼称があったかどうかは定かでない。これが映画ジャーナリズムでジャンルの一つのように使われていくのは戦後まもなくからと思われるが、あくまで卑見である。

然るに、その数たるや尋常でない。せめて戦後だけでもと「45〜72・日本映画総覧」（キネマ旬報「日本映画作品全集」所載）からタイトルの抜き書きを始めたはいいけれど、「さ行」まで行かないうちに、こりゃ一〇〇本や二〇〇本では収まるまいと、あえなく放棄。その量産ぶりから日本映画独特のジャンルに違いないと確信した次第だが、とてもじゃないが系統立てて語ることはできない。

そもそも「♪花もあらしも踏みこえて」の「旅の夜風」が『愛染かつら』前・後篇（38・松竹）の主題歌と知ったのも、そう昔のことではないから、せいぜい、曲名（「」括り）と題名（『』括り）の一致を大原則に、主演者が主題歌を歌った映画（仮にA群とする）、歌手が共演し、それを果たした映画（B群）、歌手自身が主演して歌った映画（C群）と大別できたくらいだ。〝小論〟などとしたものの、まあ雑論くらいに思われたい。

1

かつて〝歌う映画スター〟という冠称があった。世代的にすぐ思い浮かぶのは鶴田浩二、石原裕次郎、小林旭だが（加山雄三はちょっと違う）、その初の栄誉に輝くのは高田浩吉だ。

戦前は松竹で一五〇本余があるようキャリアは古い。私が映画館で見た記憶があるのは『紀の国屋文左衛門・荒海に挑む男一匹』（59・渡辺邦男）くらいで、自慢じゃないが、現在まで「伝七捕物帳」シリーズ（54〜59＝11本）は1本も見ていないし、一九六〇年に移籍した東映での主演作もパスした身だから、俳優としての高田浩吉については一家言もないのだが、だいぶ以前、テレビの懐メロ番組で着物姿に三味線抱えて「白鷺三味線」や股旅姿に三度笠片手に「伊豆の佐太郎」を軽やかに歌う姿にいたく感じ入った。声よりも小唄で鍛えたという喉がいいのであろう。あの鼻の穴もブレスに役立っているようだ。

下加茂トーキー『浅太郎赤城の唄』。飯塚敏子と

松竹下加茂撮影所（戦後＝松竹京都）に研究生として入ったのが一九二六年。仕出し、チョイ役を経て、初主演作は19歳の時の『仇討ち破れ袴』（30・井上金太郎）。以下、特記以外は松竹映画である。

映画主題歌が盛んになったのはトーキーが本格化した一九三四年（昭和9年）以降とされる。その年、高田主演の『浅太郎赤城の唄』（秋山耕作）で主題歌として使われた東海林太郎の「♪泣くなよしよしねんねしな」で始まる「赤城の子守歌」がヒットした。

国定忠治の子分の浅太郎が誤解から叔父の勘助を殺し、その遺児勘太郎を引き取る心中を歌った歌詞やメロディからやくざ調が排除されているのは作詞・作曲者が、あくまで子守歌として流布させたい意向からという。レコードの爆発的な売れ行きに松竹が『赤城の子守歌』と改題するや、集客もアップ。歌は興行にも貢献したことになる。

歌手としても売り出したのが翌年の『大江戸出世小唄』（35・大曾根辰夫）で、「♪土手の柳は風まかせ　好きなあの子は口まかせ」と、主題歌を歌ってから。映画用に吹き込んだところ、調子のいい小唄独特の軽快なメロディと朗《ほが》らな歌いっぷりが評判になり、封切りから3か月後にポリドールからレコードが発売された。レコード会社と契約した最初の映画俳優ということから〝歌う映画スター第1号〟と喧伝されてきた由縁だ。作詞の湯浅みかは、やくざ節で知られた藤田まさとの別名。

映画は足抜き女郎が謎の死を遂げ、殺人犯と疑われた草双紙売り（高田）が晴れて潔白の身となるまで。歌の調子から深刻な話ではないらしい。長屋で一緒に暮らす巾着切り役が、戦後日活やピンク映画に出ていた冬木京三なのに驚いた。

田中絹代の相手役に抜擢されてスターの地位を確立したといわれる『春琴抄・お琴と佐助』（35・島津保次郎）

からのレコード「春琴抄」は、田中の台詞入り。「島の流れ唄」は『流れ唄月の出潮』（同・大曾根辰夫）の主題歌。同名主題歌がある戦前の主演作は『江戸みやげ子守唄』（36・伊藤大輔）『江戸めをと姿』（同・大曾根辰夫）『関の弥太っぺ』（38・古野栄作）『唄祭浩吉節』（40・犬塚稔）『二本松少年隊』（同・秋山耕作）など。

こうしたレコード実績から高田をA群の筆頭とすることによもや異論はあるまいと思われる。なお、一九三八年から2年ほど内弟子をしていた俳優志望の小野栄一という14歳の少年が、のちの鶴田浩二である。

2

高田浩吉は一九四五年、劇団を結成し、各地を巡業しており、映画はその合間に古巣の松竹や東横映画（東映の前身）にポツポツ出ていただけだった。

講談「天保水滸伝」を土台に、下総で飯岡の助五郎と張り合っていた侠客、笹川の繁蔵の死に疑問を持った遠山金四郎（長谷川一夫）が江戸から乗り込む『遊侠の群れ』（49・大曾根辰夫）は、悪代官と結託していた助五郎の子分役という助演だったが、戦後に再会して劇団の研究生（兼付け人）にしていた小野栄一をチョイ役でデビューさせている。俳優・鶴田浩二の誕生。主題歌は小畑実が歌っている。戦前、松竹や東宝のドル箱スターだった長谷川一夫は（松竹では林長二郎名義）、戦後は他に東宝、新東宝、自ら設立した新歌舞伎座映画に出ていた。

一座を解散、松竹と正式に契約したのは一九五一年で、5本に出演。この間、松竹の若手人気スターになって独立プロを興した鶴田は、その第1作『弥太郎笠』前後編（52・マキノ雅弘＝新東宝配給）に主演した際、師匠を共演の一人として迎えている。

お義理ではなく、礼を尽くしたのであろう。弥太郎が侍だった頃の知己という役柄だった。目には見えない浮世の糸が、絡まりほつれて人を廻していくようではないか。自身の「♪やの字育ちの弥太郎さんに」——の同名主題歌もヒットし、戦後の歌う映画スターの先駆となった（デビュー曲は別にある）。

一九五二年は11本に出たが、ここではまず新東宝の2本を見よう。

荒神山の大喧嘩がクライマックスの『歌くらべ荒神山』（52・斎藤寅次郎）は、吉良の仁吉に扮しての客演。女房が敵対することになった安能徳（柳家金語楼）の妹ゆえに（娘とある資料は誤記）、三行半を筆にする場面に「♪硯の墨は濃いけれど　人の涙で薄くなるゥ〜　義理が書かせる離縁状ォ」と、広沢虎造（次郎長役で主演）のひと唸りが絶妙のタイミングで入るのはいいが、縄張り争いに目ン無い千鳥の少女を絡ませたドラマに笑いと歌と浪曲が挿入されるちぐはぐさに戸惑うばかり。「歌くらべ」とはいえ当時の観客はこのアンバランスさが気にならなかったのだろうか。

松竹京都『大江戸出世小唄』。光川京子と

笑いは時代の産物と承知しつつ、金語楼や堺駿二の駄洒落や仕種にはシラけっぱなし。伴淳三郎の得意技の吃音は、き、き、聞き苦しいだけだ。あそこまでやられると却って不愉快である。川田晴久と永田ともこ（元浪曲師）がデュエットで同名主題歌と「吉良の仁吉」を、やくざ志願の元左官屋役の田端義夫が持ち歌の「男の街道」「旅人月夜」と、ディック・ミネの「旅姿三人男」（昭和14年）を歌う。広沢虎造、古川緑波、川田晴久の顔はここで初めて知った。

『清水次郎長伝』（52・並木鏡太郎）はタイトルに偽りありで、主人公は田崎潤扮する片目の石松。タイトル下に「石松三十石船」「七五郎の義侠」「閻魔堂の最期」「青木屋の決斗」と四つも外題があるから、ストーリーは書かずもがな。高田は都鳥一家（親分に進藤英太郎）に追われた石松を匿《かくま》う兄弟分の七五郎役。

脇役ながら田崎潤、水島道太郎、月形龍之介（貫禄の次郎長役）と四人一緒に出るビリングの一番右にクレジットされたのは破格の扱いではないか。

ここでも虎造の浪曲頻発。舟客役で出演もしており、石松との「江戸っ子だってねえ」「神田の生まれよ」のやりとりがある。次郎長に石松惨殺の次第を話し、一緒に殴り込んだ七五郎は憎っくき都鳥をバッサリ。締めは虎造の「草葉の陰の石松よ　見てくれ恨みはこの通り立派に果たした手向け草ァ〜」の唸り節。

高田の代わりに（？）市丸姐さんがお座敷の宴会場面

で「天龍下れば」（昭和8年）を披露した。同年、『唄祭り清水港』（渡辺邦男）も、ドラマは石松（大木実）の災難劇が中心。高田は追分三五郎役の助演。

3

戦後にヒットした歌が一九五三年1月に出た「伊豆の佐太郎」だ。新しく契約したのはコロムビア・レコード。「♪故郷見たさに戻ってくれば　春の伊豆路は月おぼろ」——上原げんと作曲のなかなかいい歌で、ヒット曲とは大体がそうだが、一旦覚えたら口ずさみたくなる。新東宝が三村伸太郎の脚本と中川信夫の監督で、同年さっそく映画化（『晴れ姿・伊豆の佐太郎』）。

裏街道を行く渡世人だったものの、今は造り酒屋で働いている佐太郎は、賭場で主人の息子に因縁をつけたやくざの親分（三島雅夫）の左腕を叩っ斬り、許嫁《いいなずけ》（瑳峨三智子）とも別れて旅に出る。兄貴と慕う三下（田崎潤）の登場、下田開港を唱える井伊大老の密書を携えた兄と若衆姿の妹（久保菜穂子）との遭遇、二人を追ってくる攘夷派との争いと、道中のエピソードには事欠かない。

高田浩吉、砂浜を歩きながら主題歌を歌ったり、逃げ込んだ旅回りの一座の舞台では扮装よろしく挿入歌（「恋のしのび傘」他一曲）と踊りを披露したり、気持ちよさそうに演じている。私が、粋でいなせな旅人姿で歌いながら街道を往く——といった高田浩吉のイメージを強く印象付けられたのは本作からだ。

かつて佐太郎に示現流の刀法を伝授した用心棒（岡譲二）まで出てくるのは蛇足の感がしたものの、気楽に楽しめた。接したのは再映された〝新版改題短縮版〟『唄祭り佐太郎三度笠』（57）。1本で2回商売する新東宝得意の裏技だ。新東宝に出たのは、当時邦画五社間に専属俳優貸し出しの特例があったからと思われる。

大工の佐吉が世話になった親分の敵を討って旅に出るまでの『荒川の佐吉・遊侠夫婦笠』（53・堀内真直）では「佐吉子守歌」と「三下オイチョ節」を歌っている。子守歌は中盤、盲目の少年を預かる設定になっているから。

美空ひばりとの共演作『（浩吉・ひばりの）びっくり五十三次』（54・野村芳太郎）には「五十三次待ったなし」、股旅もの『喧嘩鴉』（同・堀内真直）と、芝居一座に潜り込んだ剣客の復讐もの『お役者変化』（54）には同名主題歌があった。取り立てて流行ったわけではないが、こ

松竹『白鷺三味線』。淡島千景と

れらはいわば映画に花を添える形で提供され、浩吉ファンを楽しませてくれたもののようだ。

　このあたりは数年後にキャバレーで「アキラのズンドコ節」や「アキラの会津磐梯山」を歌う小林旭に我々が見入ったのと同じ感覚であったか。黒門町の岡っ引きは知らないから迂闊なことはいえないけれど、高田の時代劇で一番フィットしていたのは、歌あり、チャンバラありの、この〝股旅歌謡映画〟ではなかったかと思う。

　松竹では3本あった長谷川一夫が大映専属となり（52年）、やはり戦前からの大スターで、一九四九年に松竹と契約して『おぼろ駕籠』（51）など10本あった〝バンツマ〟こと阪東妻三郎が急死したことも（53年）、追い風になったのではないか。稀有な歌う映画スター高田浩吉は、こうして松竹京都の大黒柱になったのである。

　「♪白鷺は小首かしげて水の中　わたしとおまえはエーそれそれそじゃないか」と、これまた軽快で調子がよく、「伊豆の佐太郎」に続くヒット・ソングになったのが「白鷺三味線」。これも上原げんと作曲で、聴くたびにこちらも浮かれ気分になってくるから不思議である。

　『八州遊侠伝・白鷺三味線』（55・岩間鶴夫）は三味線と歌が得意な旗本の御曹司、大岡源太郎が叔父の命を受け、下総で暗躍する八州取締役、大月忠馬（加藤嘉）の陰謀を暴くまで。

　『遊侠の群れ』では遠山の金さんが金蔵なる笛吹き芸人に身をやつして下総に潜入したが、源太郎は粋な遊び人、白鷺の源太に化けての探索だ。繁蔵と助五郎の争いも絡め（ここらも「天保水滸伝」から）、相思相愛のお町（島崎雪子）が江戸から追ってきて、婀娜《あだ》な年増（淡島千景）の横恋慕もある。高田浩吉、色男はつらいヨなどとヤニ下がっているどころではない。かねてからお町にゾッコンで、豪剣を操る強敵近衛十四郎が立ち塞がって、二人は対決するが…。挿入歌は「白鷺源太郎」。

半年後公開の続編（後編というべきか）が『八州遊侠伝・源太あばれ笠』。前作で崖から落下して死んだと思われた近衛十四郎がピンピンして再登場するのはお決まりとしても、繁蔵と助五郎の争いが決着がつかないうちに、かつて海賊の親玉だったお町の父（香川良介）が大月と結託して抜け荷で荒稼ぎしていた旧悪が明かされる展開は、いささか欲張り過ぎ。

鼻タレ小僧の頃、「♪飴の中から金太郎が出たよ」という歌があったのを覚えているが、ここでの「源太飴売唄」がそれであったか。別に「投げ節街道」なる挿入歌がある。前サブは原作の村上元三の小説から。

4

一九五五年には新東宝で冬島泰三監督による2本の股旅ものに再び主演している。監督や俳優の引き抜きを禁ずる五社協定（一九五三年9月成立）は、元々映画製作再開に動き出した日活への牽制というか、いやがらせで、既存の五社間ではまだ融通が利いたものらしい。

『紋三郎の秀』とは一読してよくわからないタイトルだが、江戸で瓦版屋を商いにしている主人公秀五郎（高田）の異名。元はといえば居合抜きを心得、博奕も得意なやくざ者で、背中の彫り物が白狐《びゃっこ》なのは生まれ故郷である笠間の稲荷神社に祀られている〝紋三郎〟という狐の名から。

だったら、素直に〝白狐の秀〟にすればいいのにとも思うが、原作の子母沢寛先生がムクれるか。それが博奕のいざこざから直参旗本を殺し、最愛の女房を亡くす羽目になり、追われ追われの流れ旅に出ての一席だ。

房州で川浚え（浚渫）工事や賭博開帳の権利をめぐって喧嘩寸前の魚屋《とと》一家と蜜柑屋一家を仲直りさせたり、死んだ女房そっくりの女に惚れらたり。自慢の喉は「♪旅は振り分け鼻歌がらす　国を売ったもやくざゆえ」という「振り分け街道」と、もう一曲は「♪投げるサイコロ男を張って　丁と半との綱渡り」という「旅笠追分」。女房が不慮の死を遂げたことなど、それこそどこ吹く風だが、そこはそれ、歌って暴れるマイト・ガイ――じゃなかった、一天地六の賽の目任せで颯爽と旅を続ける浩吉っつぁんの真骨頂だ。

「♪渡り鳥かよ俺等の旅は」（「旅笠道中」35）、「♪好いた女房に三行半を」（「妻恋道中」37）、「♪俺も生きたや恋のため」（「流転」同）など、股旅ソングには古くから渡世人の孤独や寂しさを表している歌詞やメロディが多いが、浩吉節はどこまでも陽気で明るい調子なのがいい。「五十三次待ったなし」の出だしを借りれば「♪男一匹長ドス腰に　肩で風切る東海道」の心意気。裏街道を忍び笠で行く暗さなど微塵もない。

銀幕復帰はしたものの、終わったと思われていた往年の歌う映画スターが40歳を超えてカム・バックに成功したのは演技云々より、この屈託のないキャラクターと歌唱ぶりが歓迎されたからではないか。

後半、故郷では母が死に、老いたる父は盲目の身。シンミリしたところで、殺された旗本の配下たちや蜜柑屋をお払い箱になった用心棒たちや子分らが襲いかかって剣戟開始。子分の一人に沢井三郎。東映には団徳磨という怪優がいたが、新東宝ではこの異相の脇役を忘れてならない。先の『大江戸出世小唄』に悪親分役で出ているから、これも古い俳優だ。秀は十手を預かる幼馴染の茂吉（中山昭二）に捕まり、ラストは舟で江戸送りになるも、その両腕にお縄はない。

「♪あれを御覧よ浅間の空を　渡り鳥さえ一羽じゃないか」――『名月佐太郎笠』は、旅の途中で知り合った角兵衛獅子の少年が武州川越十五万石の松平家を継ぐべき若君とわかり、彼と腰元のお鶴（池内淳子）を庇護する渡世人、浅間の佐太郎の奮闘。

追ってくる同家の反乱分子と一戦交えるばかりか、若君を人質に身代金をせしめ、お家再興を目論む武田信玄の末裔一族の暗躍まで絡む。日活アクションでお馴染みになる二本柳寛が半裸のむさい恰好で出てきたのには笑った。その妹に津島恵子。

お鶴と共に角兵衛獅子のスタイルで関所を通る際、踊りを交えて「浩吉ばやし」を、捕囚の身になると月を見上げて「別れがらす」を歌う。こういう場面が浩吉映画の見せ場であり、独壇場なのだろう。二人の女（池内と津島）に想いを寄せられるのもパターンらしい。新東宝の裏技は続き、『浅間の佐太郎』と改題して新版を再上映。こちらは短縮版ではなかった（60）。

5

高田の映画に歌は欠かせなくなり、一心太助もの『大江戸出世双六』（55）、旅の道すがら土地の親分を叩き

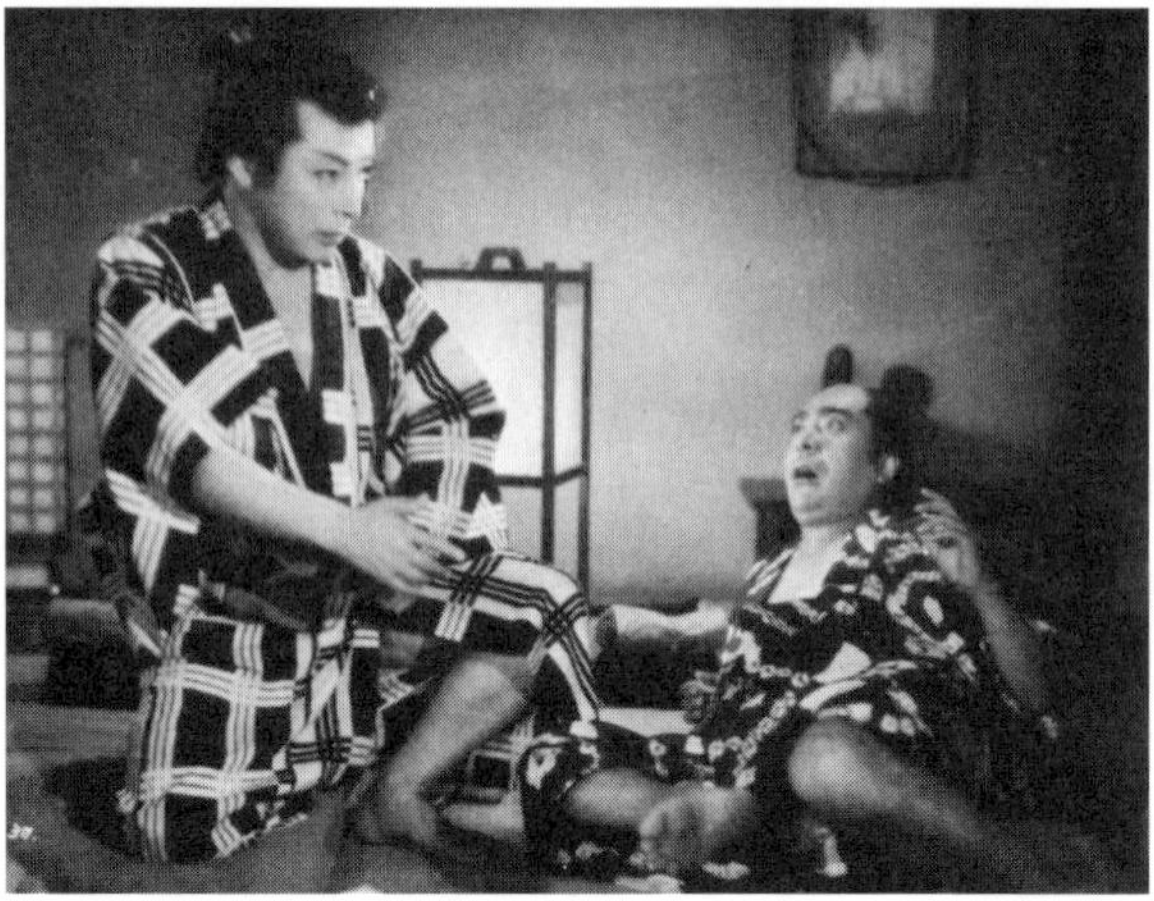

新東宝『名月佐太郎笠』。田崎潤と

のめす『りんどう鴉』（57）、親分の身代わりに凶状持ちとなって悪代官らを倒す『妻恋道中』（58）、火消しもの『勇み肌千両男』（同）なども同名主題歌付き。『りんどう鴉』の挿入歌は馬子役で登場の島倉千代子のヒット曲「りんどう峠」だから贅沢だ。「妻恋道中」は先の戦前のヒット曲とは別物。「伝七」シリーズには劇中歌「伝七小唄」や「伝七浮かれ節」「捕り物小唄」などの他に、女房役の女優とのデュエット「あなたと私」もあった由。

余談になるが、「大江戸出世双六」の「♪チョキで急がせ　大川上れば」のチョキは、男たちが舟遊びや吉原通いに利用した「猪牙舟《ちょきぶね》」のことと知った。ついでながら、美空ひばりの「お祭りマンボ」（昭和27年）の「♪火事は近いよスリバンだ」のスリバンも長い間意味不明だった。浅学の身を嘆く一方、昔の作詞家の博学ぶりには恐れ入る。

たまさか接した『大忠臣蔵』（57・大曾根辰保＝辰夫改名）は不運の早野勘平役で、前編の事実上の主役になっていたのは会社が顔を立てたのだろう。お軽や義母相手の愁嘆場は新派劇さながらの演出で、一本刀の旅人を見慣れた身にはいささか辟易した。

同じ佐太郎でも『清水の佐太郎』（58・酒井辰雄）は、次郎長一家が喧嘩《でいり》で留守している間に勢力を伸ばそうとする久六一家を、たまたま当地を訪れた風来坊の佐太郎が向こうに回し――という話で、次郎長役は近衛十四郎。高田の主題歌の他に、ゲスト出演した春日八郎の「松吉街道唄」と「御免なすって佐太郎さん」が挿入歌で流れる。

珍作を1本。『七変化狸御殿』（54・大曾根辰夫）にはマント姿で森の精に扮し（笑）、主演の美空ひばりを守る賛助出演。狸御殿の歌と踊りのコンテストには一転、旅人姿で出場し、「伊豆の佐太郎」を披露した。映画館で「待ってました！」と声が飛んだかどうか知らないが、映画は狸一族と蝙蝠族の争いで、笑いあり踊りあり剣戟ありの、これぞ大衆娯楽編――には違いないけれど、今の目でDVDを見ると、いやでも早送りしたくなる（しました）。

狸御殿ものは各社にあるが、いくら職人肌とはいえ、監督には不向きの素材だろうし、俳優たちの多彩な扮装はまるで大人の学芸会。ただし、淡路恵子（蝙蝠族のボスの妹役）のセクシーな黒タイツ姿の踊りは一見の価値あり。さすがは松竹歌劇団出身。いや、実にいい。

高田は一九五四年から5年もの間、コンスタントに9本から10本に出たが、一九五九年には6本に減じた。鼻息荒い〝時代劇は東映〟の勢いに、会社は大船撮影所での現代劇を製作の中心に置くようになる。一九六〇年1月公開の主演作『抱寝の長脇差』（大曾根辰保）を最後に、その東映に転じた。

6

移籍した際高田は、太秦の東映京都撮影所のスタッフを招き、自腹で一席設けて挨拶したという話をどこかで読んだことがある。父を知らず、母とも赤ん坊の頃に死別し、養母に育てられたとされている出自を思うならば、これは苦労人ならではの配慮だろう。その1作目『旅の長脇差・花笠椿』（60）が公開された6月に、奇しくも鶴田浩二が東宝から移ってきたのは偶然か、これも浮世の糸の手繰り寄せか。

東映がさらなる量産をめざして第二系統（第二東映=のちニュー東映）をスタートさせていた頃で、高田は立て続けに11本に主演。『旅の長脇差・伊豆の佐太郎』（60）は新東宝のリメイクで、原作を三村伸太郎にしている。

東映では片岡千恵蔵、市川右太衛門の両御大が健在で、大川橋蔵、中村錦之助ら若手の人気俳優も目白押し。私も彼らの（第一系統の）映画ばかり見ていたから、この頃の高田浩吉にポスター1枚の記憶すらないのは故なきことではない。第二系統は低コストが原則で、監督も女優や悪玉の共演者も二流どころが多く、専門館が確立されなかったことも響いて、一九六一年11月で廃止された。

外様とはいえ、元松竹の大スターに会社も気を遣ったか、第一系統で「伝七捕物帳」シリーズ2本（『影のない男』

62『女狐小判』63）など主演作を6本用意したが、ヒット作は生まれなかった。年齢も50歳を超え、脇に回ることも多くなる。全盛期には当たり前だった主題歌やレコードの新譜も途絶えがちになったようだ。

最後の主演作は物書き志望の浪人という首を捻りたくなるような役の『素浪人捕物帖・闇夜に消えた女』（63）。右太衛門主演の『忍び大名』（64）で事実上銀幕渡世から身を引いた。

戦後からしばらく、股旅ものが廃れなかったのは大衆が縞の合羽に三度笠の渡世人をヒーローとして認めたからに他ならない。男一匹のあるべき姿を、そのカッコよさを、その気っぷを義理と人情に絡めて謳い上げたのだ。「♪未練のこしちゃ男がすたる」（「名月佐太郎笠」）「♪どうせ明日はまた流れ旅」（「伊豆の佐太郎」）――高田浩吉は映画がまぎれもなく娯楽の王様であった一九五〇年代、啖呵と鼻歌まじりで、それを時に悠揚迫らず、時に飄々と具現していたのである。

股旅ものは資本主義社会が始まる明治以降から軍国主義が台頭する昭和初期を背景に、一切をドスと日本刀で決着を付ける任侠映画に衣替えするが、殴り込み前に流れる、主演者たちの主題歌に――とりわけ、「昭和残侠伝」シリーズにおける高倉健の「唐獅子牡丹」に我々の殺戮への期待はいやが上にも高まった。これらは歌謡映画の範疇外にしても、主題歌とはそれほど劇的効果として重要なのだ。映像の記憶は薄れても歌のメロディはしかと耳が覚えている。そして、一つの時代を想起するには一曲の歌があれば事は足りるのだ。

東映での4年間は通算32本。各社の減産や時代劇の衰退もあって、歌と芝居の舞台公演にシフト。一九七六年には東京と大阪で芸道五十年記念リサイタルが行なわれた。その後の動向は知らないまま時は過ぎ、平成10年に86歳で歿。団塊世代には早過ぎた俳優ながら、このまま忘れられてしまうのは惜しい気がする。♪エーそれそれそじゃないか。

＊

参考文献「日本流行歌史」「日本歌謡集」（共に社会思想社・71）「流行歌の秘密」（文和書房・73）「流行歌でつづる日本現代史」（新日本出版社・73）「昭和流行歌史」（78・毎日新聞社）「日本映画俳優全集」（キネマ旬報社・79）。引用した作詞表記（漢字やカナ、送り）は資料により統一されていない場合がある。

（にかいどう・たくや）

《映画の見かた》の見かた㊵

貶す批評は不愉快か

重政隆文

私がある映画を面白くないと言うと、話し相手の若い映画ファンはしばしば不機嫌になる。自分の好きな作品を貶されるのを聞きたがらない。自分の好きな作品なら誰でも面白がって褒めてくれると思っている。貶されると過剰反応する。そういう風潮を生み出した一因がマスコミの褒め専門の「映画評論」だと思う。本当に評価するのではなく、新作の宣伝をしている。

近年、映画の予告篇の宣伝文句に「ロッテントマト満足度〜%」という表示がちょくちょく出てくる。なぜ%で表記されるのか分からなかった。〈ロッテントマト〉編集部『いとしの〈ロッテン〉映画たち』（有澤真庭訳、２０２１年１月、竹書房）にそのシステムが説明されている。

まず基準を満たした何百人もの批評家を編集部でプールする。映画封切り時にそれらの批評家が新作を褒めたかどうかを調べ、満足した批評のパーセンテージが表示される。満足度が60%以上だと「フレッシュ」、59%以下だと「ロッテン」（＝腐っている。ちなみに、これはひどい発音だ）と考えるわけだ。その後、二次媒体（DVDや配信など）で見た人の批評が加わり、ネット上で%が流動する。

ここでまず起こる疑問。満足しているのかしていないのか、そう簡単に分けられるものだろうか。例えば、障害者を見世物にしたショーマンを描いた『グレイテスト・ショーマン』（２０１７年、マイケル・グレイシー監督）について、自ら障害者であるクリステン・ロペスの批評は次のようなものだ。

> 結局、これがわたしたちの手にできる映画だ――いかさま師を神格化し、身障者差別を片隅に追いやる映画。けれど、わたしは毎回楽しんでみている。火の輪、自由、曲芸、そして、ジャックマンの満面の笑みに陥落せずにいられようか？　それが常に快い陥落でなかろうとも。（53頁）

この批評はどちらに分類されるのだろう。判断に困る。

この本では、すでに「ロッテン」と評価された作品の再評価、再考を試みている。本当に腐った映画なのか、と。公開当時、褒めていた人の批評を取り上げたり、製作状況などを踏まえたりして再考するのである。中には駄目押しをしている場合もある。

アメリカのショービジネスでは日本と違って作品評価を比較的はっきりさせる。日本のように宣伝業務ばかりしているとメディアが信用をなくすからだ。私が映画批評に求めるのは、批評家各個人が作品をどう受け止めたか、である。だから自分と違う評価があっても、さほど気にしない。各自の意見が自由に表明できる開かれた批評環境が、アメリカには、あるいはネット上にはまだごく一部に残っているのかもしれない。

ただ、ロッテントマトの満足度を喜んで宣伝材料に使う日本の配給会社は、やはり批評環境に対して開いていないということだ。

　ロッテントマトが扱うのはアメリカ映画主体なので、アジアやヨーロッパ映画はほとんど相手にされていない。大きな弱点である。日本未公開作品も結構ある。どれもロッテンな映画だから、この本を読んだからといって見たくなる作品はなかった。

『いとしの〈ロッテン〉映画たち』がアメリカ映画に特化し、不当な不評なら反論しようと試みている一方、日本映画に特化して、基本的に貶しているのが柳下毅一郎の『皆殺し映画通信　地獄へ行くぞ！』（２０２１年４月、カンゼン）である。次々に見て貶しているのではなく、面白くない映画を集めてどんどん貶していっているのだ。柳下のこのシリーズは有料のネット記事に連載され、それがまとめられて毎年発行されていたものだ。今作で８冊目である。日本映画には毎年一冊書けるほど、つまらない映画がたくさんある。誰も見ないような退屈そうな映画を好んで見に行って、そのひどさを非難している。その情熱は尋常ではない。

ただ、粗筋解説が大半を占め、その浅いところで、リアリズム的にその流れはおかしいだろうとか、そんなことをするわけがないとかいうような批評を連ねていく。退屈映画を論じる本が退屈というか単調なのである。内容を紹介されてもやはりつまらない。つまらなさの追体験はあまりしたくない。

　柳下はなぜ、つまらなさそうな映画をわざわざ見るのか。時間をもったいないと思わないのか。乃木坂46のアイドルが主演だから退屈さは容易に予想できる、それでも私も見た『映像研には手を出すな！』（２０２０年、英勉監督）のところで柳下は書いている。

　　手を出すなと言われてるんだから出さなきゃよさそうなものをわざわざ手を出して番犬に噛まれる馬鹿な子供みたいなことをやっている毎日。しかし出すなと言われてもそこに山があったら登らざるを得ないではないか。（１９２頁）

退屈にもほどがある。この映画はファンの間でしか楽しまれないような映画だから、コンサート会場やファン・ミーティングの会場でかければいい。それにもかかわらず映画館にかけるから、別にアイドルファンでもない私や柳下は見に行くのだ。

　しかし、次のような例には対処のしようがない。『コウとチョウゴロウの夏　高山社　小さな記憶の物語』という地方の町興し的な作品がその一つ。

　監督・脚本をつとめるのは藤橋誠。実は群馬県市町村をめぐって「まち映画」を作っている群馬映画の巨匠なのである。まち映画製作は二〇〇二年の太田市を舞台にした『home』からはじまり、群馬県内各所を中心に地域映画を作りつづけてもう十八年。この『コウとチョウゴロウの夏』でまち映画二十七作目になるという。群馬では誰もが知っているが、中央に出てくることはないのでその全貌を知る者がいない。(57頁)

地元のPR映画みたいなものだろうが(見ていないので分からない)、柳下はどうやらそのような映画を見るためにわざわざ上映会場にまで足を運んでいる。

ひっそり公開されている地方映画ばかりではない。シネコンでかかるような退屈映画も排除しない。柳下は、例えば福田雄一監督のヒット作品は確実に取り上げて、確実に非難している。私も面白くないのが分かっていても『今日から俺は!! 劇場版』や『新解釈・三國志』を見に行った。だから後者に対する柳下の批評「これはもう無である。無としか言いようがない。何を目的にして、何を見せるでもなく、ただ時間が過ぎ去るのを待つだけの演芸を見せられる。これがテレビ的ということなのか?」(242頁)という評価に一応納得がいく。課題は、福田雄一の作品が世間的にウケているのをどう考えるかだ。柳下の意見を聞きたい。

他にも「幸福の科学」映画をこまめに見て貶している。これは私も見続けていた。しかし、もう見ないだろう。柳下にはご苦労さんとしか言いようがない。

日本映画には大量の退屈映画があるから、ネタは尽きない。たぶん今後も、おそらくヨボヨボになるまで、柳下はこの連載をネット上に書き続けるのだろう。

コロナ禍で観客の遠のいたミニシアターに対し、荒井晴彦(脚本家)、森達也(ドキュメンタリー作家)、白石和彌(映画監督)、井上淳一(脚本家)が「ミニシアター押しかけトーク隊」というのを結成した(ゲストで映画監督・小中和哉も)。少しでも観客動員に貢献しようと、その映画館でかかっている映画に関するテーマについてオンラインでトークを配信した。すべてではないが、それらをまとめたのが『映画評論家への逆襲』(小学館、小学館新書)である。びっくりしたのは、2021年6月、2019年の映画統計である。1278本の映画が公開された。その内の約900本が、スクリーン数全体の6%しか占めないミニシアターでかかったというのだ。実作者にとっても映画観客にとっても、ミニシアターが閉館に追いこまれては困る。シネコンしかない時代になってしまうと貧しい映画生活しか送れなくなってしまうのだ。

登場した4人は年齢層がバラバラで、列挙した順に74歳、65歳、47歳、56歳である。ちょうど10歳前後ずつ年齢の差が開いている。世代の断絶を感じる場合もあるし、映画との接触の濃淡みたいなものがさまざまあって面白い。森達也など、立教大学の映画サークルで黒沢清、万田邦敏、塩田明彦と一緒にいて、彼以外が蓮實重彦の授業に飛んで行ったのに、彼は仲間と雀荘に行っていたという。森と白石は今まで蓮實の本を一冊も読んでいないと豪語する。荒井は大人だから、読んだ上で蓮實のシナリオ軽視を非難する。どちらにせよ、これらの人たちは蓮實の悪影響から逃れている。

この本の最後の章は出版社内での総括的トークの収録で、「評論家への逆襲、さらに映画の闘争は続く」というものである。全体を通して映画作品や映画評論家、評論界事情についての、主に悪感情を各人が述べている。

例えば『キネマ旬報』でベスト・テン第一位になった『スパイの妻〈劇場版〉』（２０２０年、黒沢清監督）や日本アカデミー賞で最優秀作品賞を獲った『ミッドナイトスワン』（２０２０年、内田英治監督）などを袋叩きしているところが面白い。要するに、シナリオを含めた制作上の手抜きを指摘し糾弾する。特に前者では同作品が脚本賞まで獲っていることに憤慨している。その作品を雑誌の対談で褒めた蓮實もとばっちりでその耄碌ぶりを非難されていた。私もこの映画には退屈したので、各人のシナリオの弱点指摘にいちいち納得がいった。

映画評論界の現状の総論として、「ある時期から新聞も週刊誌でもけなす映画評が載らなくなった」「今は映画評論家は映画会社の宣伝部みたいになって、当たり障りのない作品の紹介と褒めだけになっちゃってる」（２２７〜２２８頁、荒井）、「今はその映画を好きな評論家にしか発注していない感はありますね」（２３０頁、白石）と話している。マスコミによって世間では面白い映画ばかり流通しているように錯覚させられるが、やはり貶すことは、正当な反論の一つとして出てくるべきなのだ。

荒井晴彦たちが『映画評論家への逆襲』で考察したことは、柳下が退屈作品を貶すのと比べて大きく次元の違う課題である。もっとも、荒井たちは一部で高評価の『Fukushima50』や『罪の声』、『花束みたいな恋をした』には嫌々でも付き合うが、福田雄一作品や「幸福の科学」映画など、ほぼ面白くないと予想できる作品など相手にしないだろう。扱っている作品は違うし、実作者である荒井たちと評論家である柳下との違いもあるだろうが、私は高いところから低いところまで両方読みたい。自分の考えとどう違うのかを確かめたい。

荒井晴彦たちや柳下毅一郎の批評本は貶している場合が多いが、必要な貶しである。褒めてばかりの新作映画批評など私は現在必要としておらず、貶している批評の中に評価の誠実な形を見いだそうとしている。

森達也は実作者としてネットの批評を「道を歩いていて、名前も顔もわからない人から、いきなりバーカとか死ねとか言われたようなレベル」（２６４頁）と評している。奇しくも、今回取り上げた三冊の本はすべてネット上に公表されたものの書籍化である。ネット上では読む気はないが、書籍になれば落ち着いて読んでいきたい。

（しげまさ・たかふみ）

これぞ英国職人監督魂 ②

ルイス・ギルバートを語ろう

ダーティ工藤

ルイス・ギルバートの映画を最初に観たのはTVだった。『殴り込み戦闘機隊』(56)だったか『ビスマルク号を撃沈せよ!』(60)だったか『第七の暁』(64)だったか、どうもハッキリしないが、どれも中学生時代にTV観賞したんじゃないかな。その頃は生意気にも監督を意識して観るようになっていたので、ルイス・ギルバートの映画というのは認識していたと思うのだが、英国監督に多いドキュメンタリー派の戦争映画が得意な監督というぐらいの印象であった。

『007』シリーズの監督も英国監督の出世街道という認識だったが、後年『フレンズ〜ポールとミシェル』(71)を劇場で観た時は、「こんな映画も撮れるんだ」と、ちょっと衝撃を受けたことを覚えている。それからは女性映画と呼ばれるジャンルを手掛けることが圧倒的に多くなり、自分の中で勝手に作り上げていたルイス・ギルバートの作風というものが見えなくなってきた。娯楽映画の達人ということに疑いはないが、一概には括れない複雑さを備えている点も彼の魅力なのだろう。

そういや英国映画マニアたる三隅繁こと故岡伸行とも、『第七の暁』や『暁の7人』(75)の話をしたっけ。中でも『暁の7人』は、岡が溺愛する『キング・ラット』(65・ブライアン・フォーブス)や『633爆撃隊』(64・ウォルター・E・グローマン)なみに、熱く語っていたこと(*主として銃器関連、特に暗殺時に故障す

ルイス・ギルバート監督

るステンSMGに関して）が思い出される。

一　初期の代表作『暴力の恐怖』と『善人は若死にする』

ルイス・ギルバート（1920〜2018）は、ロンドン生まれの生粋のイギリス人で両親が興行師だった関係から、7歳から15歳まで子役として数十本の映画に出演する売れっ子だった。第二次世界大戦中はイギリス空軍に入隊し、戦争記録・教育映画の製作・監督部門で働き数本の短篇も監督。除隊後はフランスの名門映画会社ゴーモンの英国支社に入り、数本の短篇を監督した後、50年の『かつて支那で』で長編監督デビューを果す。死にかけた少女が英国に3人しかいない珍しい血液型だったために、輸血者を探してスコットランドヤードの警官たちが奔走する『恐怖の五日間』（52）あたりから、ドキュメンタリー・タッチとしっかりした構成力を生かした演出で認められ始める。

53年のロンドンのイーストエンドにたむろする不良少年たちの生態を鮮烈に描いた『暴力の恐怖』は、当時英国で話題となった問題作であった。主人公の少年（ジェームズ・ケニー）を同情の余地のないクズ野郎として最後まで突き放して描いているのは、収まりの良さを求める当時の娯楽映画としてはかなり斬新で社会的問題にもなった。本作は英国で51年に18禁のレイト・システムとして制定された〝Xレイト〟に最初に指定された映画としても記憶される。尚、ハリウッドに渡る前で清純派時代？のジョーン・コリンズが、少年に犯され妊娠し自殺未遂をする少女役（＊当時20歳だが16歳の少女に見える）を好演している。

54年の深夜のロンドンを、大金を積んで走る郵便車を襲撃する4人の男たちをオムニバス形式で描いた『善人は若死にする』は、ギルバートが真価を発揮した最初の傑作となった。巨額の不渡りを出したローレンス・ハーヴェイは資産家の妻マーガレット・レイトンやその父・ロバート・モーリーからも救済を断られ、最後の手段として郵便車襲撃を計画し仲間を集める。妊娠した妻ジョーン・コリンズがいながら会社をクビになってしまったリチャード・ベイスハート。妻グロリア・グレアムの浮気現場を押さえたため帰隊時間を過ぎ脱走兵の汚名を着せられたジョン・アイアランド。虎の子の千ポンドを妻に使われてしまった事故で片腕を失った元ボクサーのス

タンリー・ベイカー。彼ら四者四様の人生模様が郵便車襲撃を軸に活写される。だが郵便車の襲撃自体は意外と

『善人は若死にする』。左からスタンリー・ベイカー、ジョン・アイアランド、ローレンス・ハーヴェイ、リチャード・ベイスハート

あっさりと描かれる構成もあり、その後の彼らの四者四様の末路がより強い印象を残す。主犯のローレンス・ハーヴェイ以外の3人はいずれも善人なのだが、やはり片腕の元ボクサー役のスタンリー・ベイカーが一番のインパクトを与える。

二　多種多様なジャンルをこなす

戦争映画は彼の得意ジャンルで、空軍時代の経験を生かした航空映画『殴り込み戦闘機隊』（56）は、墜落事故で両脚を失いながらも不屈のジョンブル魂で航空隊を率いた実在の空軍大尉ダグラス・バーダーの半生を描いた伝記映画。当時、英国では大スターだったケネス・モアが主人公を熱演する大作で、興行的にも大ヒットしモアの代表作と言われている。ノルマンディー上陸作戦をめぐってスパイ活動をし独軍の捕虜となり銃殺された実在の女スパイ、ヴィオレッタを描いた『スパイ戦線』（59）は、ヴィオレッタを演じるヴァージニア・マッケンナの熱演もあり見ごたえある力作となった。マイケル・ケインが端役で出演している。

排水量5万トン、15インチ砲8門を有するドイツの不

沈巨大戦艦ビスマルク号とケネス・モア率いるイギリス艦隊の死闘を描いた実話の映画化『ビスマルク号を撃沈せよ！』（60）では、海戦ものに手腕をふるった。『戦艦デファイアント号の反乱』（61）では、ナポレオン戦争時代の帆船による海戦をダイナミックに描いた。人格者の艦長アレック・ギネスと対立する残忍な副艦長ダーク・ボガードの悪役ぶりも見ものである。『空を照らせ』（60）は、第二次大戦中の英国陸軍サーチライト隊を舞台にしたギルバートには珍しい戦争コメディ。

『殴り込み戦闘機隊』。ケネス・モアとミュリエル・パヴロウ

戦乱のマレーを舞台に、かつては親友同志であったウィリアム・ホールデンと丹波哲郎が対決することになる『第七の暁』（64）。丹波とギルバートの初顔合わせで、スザンナ・ヨーク、キャプシーヌが共演。マレー独立の闘士である丹波がカッコ良く、水面にゆらゆらと映るモーリス・ビンダーのクレジットもステキだ。久々に撮った戦争もの『暁の7人』（75）は、第二次大戦中のチェコスロヴァキアのプラハを舞台に、ナチスドイツのラインハルト・ハイドリッヒ占領軍最高司令官（アントン・デフリング）の暗殺を敢行するチェコ解放戦士（ティモシー・ボトムズ）ら7人の決死の行動をドキュメンタリー・タッチで描いた力作で、プラハ・ロケも大いに効果を上げていた。

ジャネット・グリーンのミステリー小説の映画化『Cast a Dark Shadow』（55）は、若いダーク・ボガードが年上の妻モナ・ウォッシュボーンを遺産目当てに殺害するが大半の遺産は妹ケイ・ウォルシュが相続することになり、財産管理人の未亡人マーガレット・ロックウッドを丸め込もうとするが…。当時『ドクター』シリーズで人気のD・ボガードの悪役ぶりが楽しい。『通りからの叫び』（58）は福祉ワーカーの青年とホームレスの孤児たちの交流を描いたドラマ。歌手のマックス・バイグレイヴスが主演の福祉ワーカーに扮した。

香港とマカオを往復するオンボロ・フェリー順発号を舞台に、クルト・ユルゲンスとオーソン・ウェルズという押し出しのいい二人が競演するコメディ・タッチのアクションもの『香港定期船』（59）は、英国映画独特ののんびりしたユーモアが全篇に漂い捨て難い味わいがある。飄々とした機関士役のノエル・パーセルが儲け役。

実在した中南米の富豪の息子を主人公にした『冒険者』（70）は、放蕩と退廃と革命をタップリと盛り込んだ3時間の大作。起伏にとんだストーリーとアクションのバランスもまずまずで、ツボを押さえた演出はプロの仕事だったが肝心の主人公がさほど魅力的なキャラクターじゃなかったせいなのか、興行的には大コケしてしまった。主人公には『ジプシーの唄をきいた』（67・アレクサンドル・ペトロヴィッチ）で知られるユーゴスラビアのマーロン・ブランドと呼ばれたベキム・フェーミュが大抜擢されたが、本作の大失敗によりハリウッド・スターへの道を断たれてしまった。共演はキャンディス・バーゲン、リー・テイラー・ヤング、アーネスト・ボーグナイン、オリヴィア・デ・ハビランド、シャルル・アズナブール、ロッサノ・ブラッツィなど豪華キャストだったのだが…。

三 『007』シリーズへの参画

『アルフィー』（66）の世界的ヒットもあり、日本を舞台にした『007』シリーズ第5作目となる『007は二度死ぬ』（67）の監督に抜擢される。ロアルド・ダールの脚本はそれまでのシリーズとは違いキッチュな感覚で、とんでも日本風俗も含め今ではシリーズの中でも人気の一本となっている。ジェームズ・ボンド（ショーン・コネリー）に協力する日本公安トップ、タイガー田中役の丹波哲郎がカッコ良く描かれているのも、『第七の暁』出演があったからこそだろう。因みに丹波によると屋上にヘリポートまであった（＊住宅街で規制があり実際にヘリポートとしては使用出来なかったそうな）広大な丹波邸は、本作の出演料（＊現在の価値で言うとウン億円か）で建てたそうである。丹波は日本ロケによる英国皇太子（マイケル・ヨーク）と日本人バスガイド（青木英美）の儚い恋を描いた『日本での7夜』（76）にもお付き合い出演しているが、低予算だったらしくギャラ代わりにギルバートから高級腕時計を貰ったそうである。尚、『007は二度死ぬ』の撮影終了後にギルバート一行は、富士山付近で乱気流に巻き込まれて空中分解し墜落した英国航空機搭乗を直前に回避し難を逃れたという。

三代目ジェームズ・ボンド、ロジャー・ムーアになってからは、『007黄金銃を持つ男』(74・ガイ・ハミルトン)が作品的にも興行的にも不振でムーアの降板も囁かれていた折、『007私を愛したスパイ』(77)で再び『007』シリーズの監督に復帰し、期待に答えて起死回生的な成功を収めたのはさすがであった。続く『007ムーンレイカー』(79)では、当時『スター・ウォーズ』(77・ジョージ・ルーカス)の大ヒットにより世界的なSF映画ブームとなっていたため、ジェームズ・ボンドも初めて宇宙へ行くことになり、興行的にも好調をキープした。またコネリー・ボンドの残像に悩まされて、キャラがいささか迷走していたムーア・ボンドのキャラに合わせたコメディ路線へのスムーズな移行に貢献した業績も見逃せないところであろう。

『第七の暁』。ウィリアム・ホールデン

四　女性映画への深み

ギルバートの最初の女性映画と言えるのは『女になる季節』(61)であろう。母が怪我で入院したためフランスのシャンパーニュ地方のホテルに預けられたスザンナ・ヨーク、ジェーン・アッシャーら三姉妹。ヨークは何かと親切にしてくれるケネス・モアに乙女ごころをくすぐられるが、モアの正体は何と宝石泥棒であった…。揺れ動く乙女ごころとシャンパーニュ地方の美しい風景がうまくマッチした好篇で、本作によりこのジャンルへの手ごたえを得たのかもしれない。

ビル・ノートンのヒット舞台劇をノートン自ら脚色した『アルフィー』(66)では、マイケル・ケインが次々と女たちの間を渡り歩く主人公アルフィーを快演。シェリー・ウィンタース、ヴィヴィアン・マーチャント、ジ

『アルフィー』。マイケル・ケインとジュリア・フォスター

エーン・アッシャーら彼を取り巻く女たちの描写も的確な佳作に仕上がった。主人公アルフィーが突然カメラに向かって語りかける、というシネマ・ヴェリテ風な当時としては斬新な演出も冴えていた。テーマ曲を手掛けたソニー・ロリンズのサックスも心地良い。本作は、カンヌ映画祭で審査員特別賞を受賞しギルバートの名が一躍クローズアップされることになった。

15歳のポール（ショーン・バリー）と14歳のミシェル（アニセー・アルビナ）の幼い恋と妊娠出産を描いた『フレンズ〜ポールとミシェル』（71）は押し着せ仕事かと思いきやギルバートの原案による、やる気満々作で幼い恋人たちの恋愛が瑞々しいタッチで描かれた好篇に仕上がった。本作はエルトン・ジョンの主題歌と共に大ヒットし、幼いふたりのその後を描いた同じスタッフ・キャストによる続篇『続フレンズ　ポールとミシェル』（74）も作られた。

　無学な女リタ（ジュリー・ウォルターズ）が文学を勉強するためアル中の大学教授（マイケル・ケイン）に教えてもらうが、彼女はどんどん才能を開花させて行き教授は戸惑いを隠せなくなる、という『リタと大学教授』（83）は、ジョージ・キューカーの『ボーン・イエスタディ』（50）や『マイ・フェア・レディ』（64）に通じる所謂「ピグマリオン」ものの秀作で、マイケル・ケインとジュリー・ウォルターズの演技合戦も見応えがある。マンチェスターに住む平凡な42歳の中年女の自我の目覚めをコメディ・タッチで描いた『旅する女　シャーリー・バレンタイン』（89）は、主人公を演じるポーリーン・コリンズがまさにハマリ役で、彼女が突然カメラに向かって喋り出す、という『アルフィー』と同じ手法が効果を出している。ブロードウェイのヒット作を映画化した『ステッピン・アウト』（91）は、アメリカ、バッファローのタップダンス教室に通う８人の男女とダンス教師を「コーラスライン」風に描いた群像劇。ダンス教師を演じるライザ・ミネリは、芝居はさしてうまくはないが、歌とダンスになると俄然輝きを増すのがとてもいい感じである。『月下の恋』（95）はクラシックな幽霊屋敷もの。幼い頃に妹を事故で死なせたことがトラウマになっているデヴィッド教授（エイダン・クイン）は、胡散臭い心霊現象を暴いている。デヴィッドは幽霊が出るという美しい娘（ケイト・ベッキンセル）と二人の兄の住む古い屋敷を訪れる。ケイト・ベッキンセルが気前よく全裸になってくれるのが嬉しいオマケの味わいのある怪談もの。

フランシス・フォード・コッポラの製作で、『リタと大学教授』のジュリー・ウォルターズ主演のコメディ『Before You Go』（02）が遺作となった。そして２０１８年２月２３日、老衰のため97歳で亡くなった。

【フィルモグラフィ】

Sailrs do Care（44・短篇）、The Ten Year plan（45・短篇）、Arctic Harrest（46・短篇）、The Little Balleina（47・短篇）、Under One Roof（49・短篇記録）、かつて支那で〈未〉（50・長編デビュー作）、Scarlt Thread There is Another Sun（以上51）、恐怖の五日間〈未〉、Time,Gentlemen,Please（以上52）、暴力の恐怖、Johnny on the Run,A;vert,R.N.（以上53）、善人は若死にする、Harmony Lane（バイロン・ギル名義・短篇）、The Sea shall Not Have Them（以上54）、Cast a Dark Shadow（55）、殴り込み戦闘機隊（56）、The Adomirable Crichton（57）、スパイ戦線、通りからの叫び〈未〉（以上58）、香港定期船（59）、ビスマルク号を撃沈せよ！、空を照らせ！〈未〉（以上60）、女になる季節（61）、戦艦デファイアント号の反乱（62）、第七の暁（64）、アルフィー（66）、００７は二度死ぬ（67）、冒険者（70）、フレンズ〜ポールとミシェル（71）、続フレンズ　ポールとミシェル（74）、暁の７人（75）、日本での七夜〈未〉（76）、００７　私を愛したスパイ（77）、００７　ムーンレイカー（79）、リタと大学教授（83）、それぞれの楽園〈未〉（85）、旅する女　シャーリー・バレンタイン（89）、ステッピング・アウト（91）、月下の恋（95）、Before You Go（02・遺作）（だーてぃ・くどう）

デジタル過渡期の映画上映㉙
自由を我等に
長谷川康志

21年7月1日の創立100周年式典で勢いづいた中共で8月末、女優ヴィッキー・チャオ（趙薇）が「消され」てしまった。中国のネット事典「百度百科」では「趙薇」の項こそ残されたが、主演した中国版『ムーラン』（09年・劇場未公開）の配役表からムーラン自体が削除され、彼女の初監督作『So Young』からは監督の項目が無くなった。これらはその一端で、配信作品からのクレジット削除や配信停止も報じられた。親日騒動やパラダイス文書問題が封殺の原因ではと囁かれるが、正確な理由は不明のままだ。一方、米国では20年5月20日、YouTubeが《COVID-19の医学的に誤った情報に関するポリシー》を公開。WHOや地域の保健当局と異なる見解の動画の削除を世界中で始めた。11月の米大統領選前にはツイッターとフェイスブックがハンター・バイデンの疑惑を報じたニューヨーク・ポストの記事拡散を制限。グーグルとアップルは今年1月の米連邦議事堂襲撃事件から数日で、検閲なしのSNS「パーラー」をアプリストアから削除している。

中共と米民主党、その影響下にある国々はデジタルによる言論統制下にあると言える。PCR発明者キャリー・マリス博士（19年8月7日死去）のインタビュー映像が存在するにも拘らず、PCRを診断に用いるべきではないという博士の主張やファウチ博士批判はファクトチェックでデマとされる。日本では6月24日、医師・歯科医390名と地方議員60名が連名でワクチン接種中止を求める嘆願書を厚労省に提出する動きがあったが、報道はサンスポ1紙のみ。即日、河野太郎ワクチン担当大臣はブログに「ワクチンデマについて」（こびナビ監修）を掲載。《中には医師免許を持っているにもかかわらず、デマを流す人もいます》と述べ、嘆願書は黙殺された。

この状況下で映画館に直結する問題は所謂ワクチンパスポートだろう。急進的なフランスの例を見てみよう。21年7月21日以降、映画館（シネマテーク・フランセーズ含む）や劇場、美術館など50人以上が集まる場所に入場する際、18才以上は「衛生パス」が義務化された。パスとはワクチン接種証明や72時間以内のPCR又は抗原検査の陰性証明などを指し、電子か紙でQRコードを提示する。8月9日から飲食店などでも適用され、9月30日からは12才以上の提示に引き下げられた。パス反対のデモは毎週末、国内200カ所以上で10〜20万人が参加。パス導入後の映画館では動員数が減少したとの報道もある。「よく知られていないワクチンを義務化するのは逆効果」（「Brut.」20年12月4日）と発言していたマクロン大統領が事実上のワクチン義務化に転じたわけだが、12年4月にネスレが約119億ドルでファイザー製薬の幼児向け食品事業を買収する際、ロスチャイルド&Cie銀行の立役者が彼だったのだから不思議はない。ともあれ、日本では「ワクチン・検査パッケージ」と呼ばれ、早ければ11月導入と言われるこの制度が、9月1日に発足したデジタル庁最初の大仕事になるだろう。

　いま一つ映画が直面するのは配信の問題だ。今年5月7日、米シネコン3番手「シネマーク」はワーナー、ソニーなど4社と上映の条件で合意を結んだ。条件は会社毎に異なり、例えばユニバーサルの場合、17日間の上映後に配信が可能になる。5月13日、米ディズニーは第2四半期決算で『フリー・ガイ』と『シャン・チー』を45日間映画館で独占公開（シアトリカル・ウインドウ）すると発表。9月10日、先の試験的な2作品の好成績を受け、同社は劇場と配信の同時公開（ハイブリッド）中止を決定。『最後の決闘裁判』以降は45日間のシアトリカル・ウインドウにするとした。話は前後するが、7月29日には『ブラック・ウィドウ』（米では7月9日にハイブリッド公開）の製作総指揮兼主演のスカーレット・ヨハンソンが出演料を巡ってディズニーを提訴している。主に劇場興収のパーセンテージで契約したため、配信によって損害を被ったとの主張だ。日本でも同時配信をめぐってディズニージャパンと興行側が対立し、『ラーヤと龍の王国』『クルエラ』『ブラック・ウィドウ』はＴＯＨＯ、Ｔ・ジョイ、松竹系では上映されなかった。いずれもハイブリッド公開の限界が露呈した出来事だった。

†

　前号では3回目の緊急事態宣言下だった5月中旬までを扱った。今回は9月下旬までの国内の大まかな流れを、国立映画アーカイブ（ＮＦＡＪ）の対応と共にまとめておく。

　4月12日▽聖火ランナーの「辞退ドミノ」のなか、東京五輪公式映画の河瀬直美監督が奈良県2日目を走る。

　5月26日▽朝日新聞が社説《夏の東京五輪 中止の決断を首相に求める》掲載。オフィシャルパートナーは継続。

　28日▽9都道府県で31日期限の宣言を6月20日まで延長。千葉、埼玉、神奈川等のまん延防止も延長に。

　29日▽ＮＦＡＪ、6月1日より開館と発表。中止とされた「ＮＦＡＪ所蔵外国映画選集２０２１」を6月8日～23日に開催と告知。定員50％の隔席で、前売指定席券は3日より発売。

　6月1日▽都内と大阪のシネコンが21時までの時短・隔席で再開。休館していた都内のミニシアター（シネクイント、シネ・リーブル池袋、早稲田松竹、目黒シネマなど）も再開。

　2日▽「ＥＵフィルムデーズ２０２１」の会期を6月24日～7月18日に変更と発表。定員50％、前売は17日発売開始。「追加上映：松竹第一主義、三船敏郎、原節子」は中止。「逝ける映画人を偲んで」の初日を7月8日から7月20日に変更。

　5日▽神保町シアターが再開。

　8日▽「所蔵外国映画選集」始まる。

　17日▽沖縄を除く9都道府県の宣言を20日で解除と決定。21日～7月11日まで7都道府県をまん延防止に。

　24日▽「ＥＵ」初日。5月20日～23日「ドイツ映画祭」が11月に延期されたため、『システム・クラッシャー』は今回が日本初公開になった。

30日▽チケットぴあ全店舗が運営終了。NFAJ、コロナによる《急な変更に備え》て「逝ける映画人」より前売を1週毎に変更と発表。毎週火曜に翌週の火～日の前売を発売する仕組。

7月1日▽「EU」の定員を100%に戻す（6月22日に告知）。

7日▽NHK等が英国で『かぐや姫』短縮版発見を報道。9月4日&5日にNFAJ小ホールで上映との告知も。

8日▽政府、東京都に4度目の緊急事態宣言を決定。期間は7月12日～8月22日。映画館など大規模施設への休業要請はなく、時短のみ要請。シネコンは時短・隔席で営業継続。埼玉、千葉、神奈川はまん延防止を延長。

9日▽NFAJ、7月20日初日「逝ける映画人」の定員を50%と発表。前売発売日を13日から16日に変更。

12日▽東京都が宣言下に。定員100%で指定席前売した「EU」の残る日程13日～18日では、密回避のため上映前の座席移動を可とする措置を実施。

20日▽「逝ける映画人」始まる。

23日▽オリンピック開会式。

29日▽宣言に大阪と首都圏3県を追加し延長。8月2日～31日まで。

8月8日▽オリンピック閉会式。

10日▽朝日新聞&高野連主催「夏の甲子園」開幕。29日まで。

17日▽宣言に7府県を追加し期間を再延長。8月20日～9月12日まで。

18日▽9月4&5日『かぐや姫』上映会の定員を50%（76席）と発表。

19日▽千葉真一氏、コロナで死去。

24日▽パラリンピック開会式。

27日▽『かぐや姫』前売即日完売。

9月5日▽パラリンピック閉会式。

9日▽19都道府県で宣言の期間再延長。9月13日～9月30日まで。

11日▽「第43回ぴあフィルムフェスティバル」開幕。定員50%で25日まで。

13日▽12日に国内のワクチン2回接種者が50%を超えたと政府発表。

28日▽19都道府県の宣言と8県のまん延防止を30日をもって全て解除と菅首相が発表。NFAJ「サイレントシネマ・デイズ2021」（10月5日～10日）を定員50%で前売開始。

なお「NFAJニューズレター」13号が20年度の「新型コロナウイルス感染拡大に伴う国立映画アーカイブの対応状況」を掲載。併読されたい。

†

ここから国内の映画祭を見ておく。

第29回レインボーリール東京は7月16日～22日にシネマート新宿で開催。7月23日～29日に大阪へ巡回。

ゆうばり国際ファンタスティック映画祭2021は9月16日～20日、Huluと事務局専用サイトからオンラインで開催。夕張の危機は本連載㉗ですでに述べているが、その後21年2月1日には夕張リゾート株式会社が札幌地裁から破産手続開始決定を受けた。負債総額約5億円。本祭エグゼクティブプロデューサー・深津修一氏が公式プログラムに記した通り《映画祭の宿泊施設が全て無くなってしまった》ため、市民向け上映イベント以外は行えない状況に陥っている。

次に映画館の開・休館について。

アンスティチュ・フランセ東京は7月5日に新校舎をオープン。7月〜11月に現校舎の改修工事を行うため、エスパス・イマージュは臨時休室する。

丸の内ピカデリー1と2は《リニューアル工事のため》7月16日より当面の間休館。ドルビーシネマは開館。

7月23日、昨年12月に閉館したユジク阿佐ヶ谷跡地にMorc（モーク）阿佐ヶ谷がオープン。ユジクとアップリンクのパワハラ問題についてはは「文春オンライン」が8月31日と9月5日に佐野享氏の記事を掲載している。

続いて、最近のフィルム上映やニュープリント（NP）を紹介しておく。

ユーロスペース「没後20年 作家主義 相米慎二」（2月6日〜19日）では『台風クラブ』をNPした。

ル・シネマ2では4月2日〜22日に『ヤンヤン 夏の思い出』を公開時の35ミリで特別興行。1600円均一。

ラピュタ阿佐ヶ谷は3〜4月「豊田四郎と文学のこゝろ」で『暗夜行路』など3本を、5月「脚本家 桂千穂」で『色情妻 肉の誘惑』をNPした。

東京芸術センター2階のシネマブルースタジオ（21年4月25日〜5月11日休館。定員50％で再開）は35ミリをメインで上映を続けている。

大阪・プラネットプラスワンは16ミリでの旧作上映を継続。今夏上映されたアラン・ドワン『南海の黒真珠』と『辺境の追跡』（未）はスタンダード版ながらIBテクニカラーであった。

話題は逸れるが「東映創立70周年エンターテインメント・アーカイブ特集上映2021夏」（7月9日〜8月26日／丸の内TOEI）のデジタル上映に触れておく。『大日本帝国』では数カ所で短く音が途切れ、『日本戦歿学生の手記 きけ、わだつみの声』では数秒間画面が静止するなど、素材・上映にかなり問題があった。せめて自社作品くらい大切にして頂きたい。

†

最後に35ミリ撮影の事例として、ndjc（文化庁委託事業 若手映像作家育成プロジェクト）を紹介しよう。06年に始まった試みで、ワークショップ参加者の中から数名が35ミリでの製作実地研修（約30分の短編）を行うもの。コロナ禍でも継続し、ndjc2020では3作品を製作。角川シネマ有楽町（21年2月26日〜3月4日）などでデジタル上映された。今回は柳島克己や芦澤明子らが撮影を担当。当初は若手育成の目的だったが、図らずも35ミリ撮影継承の贅沢な機会にもなっている。

今年6月23日には劇映画を10分程度に編集した所謂「ファスト映画」が国内初摘発され、投稿者3名が著作権侵害の疑いで宮城県警に逮捕された。かくも功利主義が蔓延れば何もかもファスト化するのは無理もない。だが作り手や観客の目を育てるには時間がかかる。「刻印された時間」としての映画を取り戻す心の余裕を持ちたい。

（はせがわ・こうし）

B級映画を語る⑥

結局、近衛と月形だな

永田哲朗・増淵健

増淵　坂東好太郎が東映に行ったら殺陣のテンポが悪くて、という話が前に出ましたが、戦後の松竹はどうだったんでしょう。

永田　戦後、阪妻が松竹に行って『影法師』『稲妻草紙』『おぼろ駕籠』を撮った。やはり、見せる。でも死んじゃったんで代りが欲しい。アラカンが『天狗廻状』なんて松竹で撮ってたんだから契約して押さえちゃえば良かったのに。でもそのうち高田浩吉が売り出してきた。元々松竹の人だけど、ドサ回りで外れてた。戦後は東横で右太衛門の現代劇『戦慄』や『毒蛾』に出たり『退屈男』のワキに出たり。二枚目で芝居も巧い。傍役でも人気はあった。映画雑誌の人気投票でも常にベストテン入りしてた。それが松竹にカムバックして、美空ひばりや鞍馬天狗をサポートする準主役クラスになった。『江戸いろは祭り』が本格主演の初めかな。で、ヒットした。年間10本は主演を撮ってました。

増淵　他の時代劇俳優はどうしてたんですか。

永田　北上弥太郎が新人として売り出されたんだけど、これが大根でねェ。結局、浩吉のほうが頼りになる、と。近衛十四郎は浩吉の『お役者変化』に黒羽勧太夫という敵役をやって、これが好評で、撮影所長賞を貰った。それがクローズアップされて浩吉作品にずっと付き合うことになった。これが昭和29年。浩吉は二枚目だけど殺陣は下手。そこで近衛はトクをした。『素浪人日和』『白鷺三味線』など、風格といい殺陣の巧さといいピカ一。当時の讀賣新聞の映画評は谷村錦一さんですが、いつも「演技第一は近衛」と褒めていた。認めてくれるジャーナリストがいたのは幸運でした。それで翌30年には、近衛も松竹で主演者になるわけ。

増淵　チャンバラ的には阪妻の後を近衛が継いだ、と。

永田　一時期、浩吉が「やくざモノばかりじゃダメだ」ってんで『素浪人日和』なんかバンツマばりにやったけど、これがサマにならない。あの人は「飴の中から金太郎さんが出たよ」とか鼻歌まじりでやってるのが似合う。つまりは軽い。むろん、そういう役者もいていいんだけど。いや、そこが大衆に受けるファクターだったんだな。でも僕なんかは、一節歌っては一人斬る、みたいのが堪らなくイヤなのね。

増淵　殺陣が下手だから、あの芸風になったんでしょうか。

永田　林徳三郎という松竹の殺陣師が言うには「浩吉は前からしか見られない」と。カラミがワキに回ると、もうダメなんだそうです。しかも長谷川伸のようなものは合わない。華やかなものじゃないと。『りんどう鴉』とかさ、口に花を咥えて颯爽と斬る。この映画はわりと面白かったけど。

増淵　浩吉のあのパターンは、チャンバラを主眼にしない衣笠貞之助監督の姿勢を受け継いでませんか。

永田　彼は衣笠さんには、あまり可愛がられてないと思いますが…松竹調と

『落花剣光録』の松本錦四郎。近衛十四郎と

いうか伝統というか…やさ型で。で、北上がダメなんで、大船から若杉英二を連れてきた。天城竜太郎と名乗らせて、長谷川一夫に似せて流し目をさせたりして（笑）。あれもナマリが抜けなくてダメだった。

大谷友右衛門も来た。中村賀津雄も若衆ものをやった。みんな、こう、軟派ですよね。しかも育たない。トップの浩吉が二枚目なんで牽制するから、って説もあった。でも彼をおびやかすほどの美貌の人はいなかった。たまに若手スターを売り出すのかと思ったら『七人若衆誕生』とまとめ売り。林与一、松本錦四郎、花ノ本寿とかね。固めたら一人ひとり目立てないだろうに。また、みんな〝おかま〟みたいのばっかりなの（笑）。「七人若衆シリーズ」の二作目だったかな。沢村国太郎の坊主が稚児さんをアレするんだから。要するに〝おかま〟映画。珍品に属する。

増淵　チャンバラやる雰囲気じゃない（笑）…ところで当時の松竹には伴淳三郎がたくさん出てますね。

永田　バンジュンも浩吉が「伝七捕物帖シリーズ」なんかでせっせせっせと引上げたようなもんです。乾分の獅子っ鼻の竹で。伝七は投げ分銅を使う。長谷川一夫の銭形平次の投げ銭に対抗して。これはあまり効果なさそうだった。むしろバンジュンがキングサイズの十手やエレキ十手（敵の刀を吸いつける）なんて突飛な珍兵器を開発したり、女装したり。その怪演ぶりで人気が出て、今度は彼が一本立ちして『二等兵物語』がヒット。あの人は河部五郎のカラミをやってたのでチャンバラが上手い。体もよく動く。『吃七一番手柄』の大立回りなんか戦前のチャンバラ全盛期のそれと変わらない見事なものでした。大八車や梯子を使った捕物シーンをやっている。それでノシ上がった。松竹京都では高田浩吉が法王と呼ばれて最大権力者、次いで近衛、バンジュンの三人で牛耳ってると言われてた。

でも浩吉は最後はみじめだった。当たらなくなって城戸四郎さんからケチヨンケチョンに言われて憤然として退社した。稼げるうちだけが役者の花。一人で京都を背負ってたのにね。演技派ってほどでもないから、そこも使い

『怪盗三人吉三』。左から天城竜太郎、中村扇雀、北上弥太郎

勝手が悪い。東映に移ったときには近衛よりランクが下になっちゃった。

増渕　松竹はチャンバラそのものに熱意がない？

永田　東映に比べると傍役の層が薄い。ワキの近衛が主役になる、とワキで戸上城太郎だけが目立つ。次は戸上が東映に行っちゃう。この人は好きだったな。強そうだし、殺陣も豪快。主役が強いだけじゃチャンバラは成り立たないから、戸上みたいな人は必要。このクラスが何人かいないとね。

　海江田譲二も当時いたんだけど往年の気迫がなかった。そもそも目立つ役を貰えてない。山路義人、永田光男、須賀不二夫（のち不二雄）とかいたけど、まあチャンバラの上手い連中じゃない。会社が力入れてないからカラミもロクなのいない。

増渕　そんな松竹時代劇でも、永田さんオススメの映画もありますよね。

永田　近衛と月形龍之介の『まだら頭巾剣を抜けば　乱れ白菊』。まだら頭巾という怪義賊が近衛で、敵役が月形。最後の対決で月形が崖からズリ落ちる、と近衛が「死ぬなよ」なんて怒鳴ったりして。松竹では珍しく面白い殺陣を見せてくれた。原作は柴田錬三郎だけど筋はあまり覚えてません。まだら頭巾は将軍の身内で身分のある人。近衛にしてはエラく派手な衣裳でね。白鞘と黒鞘の刀を差していて二刀流なの。

増渕　いっぱい映画を観てると筋を忘れちゃう。そのくせ細かいところだけ妙に覚えてますね。

永田　僕はチャンバラだけ（笑）。『乱れ白菊』は構えもポーズも多彩だった。近衛がグンと体を低くする、と月形が刀を脇に構えると思うと上段に変えたり。攻防の秘術を尽くす。ベテラン同士の呼吸が愉しい。こういう味のある場面、なかなかなくてね。ただチャンチャンバラバラやってりゃいいわけじゃない。

（ながた・てつろう／ますぶち・けん）

売れそこなったコメディアン　その七

パン猪狩と私　或る友情の終わり

飯田一雄

日劇ミュージックホール

もうすぐ秋の彼岸を迎える有楽町駅で落ち着いた薄紫の和服の女性とすれ違った。清楚ですがすがしい品格を感じた。

誰だっけ。知っている人だ。頭のなかで何人かの表情を思い浮かべた。印象的な……ちいさく声をあげた。そうだ。松永てるほ。激震のようなふるえがきた。しかし、意表を衝かれることもない。澄んだ秋の陽にいっそう際立てた松永てるほさん。日劇ミュージックホール。艶麗の魅力、スペシャルスターのこれから楽屋入り姿なのだろう。悠然とした風格に圧倒された。

思えばたくさんのマドンナが浮かんでくる。過去の栄光に輝いたショービジネス界の新しい分野を開いた開祖たちである。ヒロセ元美。伊吹まり。メリー松原。奈良あけみ。小浜奈々子。アンジェラ浅丘。松永てるほ……。

ストリップといえば非芸術であり野卑で猥雑、喧騒をイメージするけれど隠微な娯楽から一頭地ぬきでた日劇ミュージックは別格の劇場であり、三島由紀夫、村松梢風、東郷青児、武智鉄二、寺山修司、それに清水崑、杉浦幸雄、小島功など一流の作家、文化人が舞台製作に協力しているのだ。

パン猪狩

たくさんのヌードスターがその舞台の歴史を飾った。華麗なダンサーを取り巻く演技者、コメディアンも高度な人気者を揃えていた。柳家金語楼。坊屋三郎。内海突破。古川ロッパ。益田喜頓。トニー谷。そのメンバーのなかにパン猪狩がいた。

日劇ミュージックホールはコメディアンにとって憧れの舞台だった。パン猪狩はその舞台で異彩を放っていた。

私はパン猪狩の存在を知らなかった。前述のごとく、浅草木馬館のたった四人の客席のひとりとして加わっての事であった。冷えきった客席で眠っているように微動だにしない絶望的な空気のなかでむきになって熱演したパンショーという演目に私は興奮した。

それが私とパン猪狩氏との交流の始まりだった。

いつか熱海で観光ホテルを経営していた雨宮正さんの話で、ホテルの経営に危機が発生し精神的に不安を生じたある日、浅草でみたパン猪狩の芸に救われたことがあるということだ。私は日劇ミュージックホールから姿を消して浅草木馬館に漂着した経緯はわからないが、感動的な芸の魅力を背負い込んだパン猪狩の強烈な個性に執着した。

ミッキー安川のアクションレポート（週刊サンケイ6月11日号・昭和65年）を引用しよう。

オレたちコメディアンの大先輩でパン猪狩というのがいる。ＴＶこども番組「ピンポンパン」の坂本新兵、帽子のパントマイムで有名な早野凡平の師匠である。彼は昼間は診療所を構え、水虫、腰痛、神経痛、リュウマチ、冷房病などの治療をしている。なんのことはない、ローソクを患部に塗るだけのことらしい。

オレは真の芸人といえる人はエノケンさん、ロッパさん、三木のり平さんだと思っているが、パン猪狩もこの人たちにヒケをとらない芸人だと思う。

コメディのためには世間体もなにも考えない人なのだ。普通コメディアンは自分の芸と大衆の好みのバランスを考え芸を披露するがパン猪狩は自分がやることは大衆が求めているものと固く信じている。この人のパントマイムは定評があった。しかし、玄人受けはするが決して大衆受けはしない。だが、世間がなんと言おうとも、この人はゴーイングマイウェイである。

「やってあげるよ」と猪狩センセイに言われて診療所にいってみた。その瞬間の熱いこと。オレはヒーヒー言ったが、翌日ゴルフ場に行けたのは、このパン療法のおかげか？

この人のパントマイムは昔から「死」にまつわるものが多い。「枯葉」と題するものは、秋、木の葉が散る頃、自殺しようとして枯れ枝にぶらさがり何度試しても枝が折れて失敗するという悲しくもおかしい芸だ。「切腹」というのもある。

ローソク療法で一躍、脚光を浴びたパン猪狩は人生の最絶頂期にいる自分に酔っていた。先の見えない芸人の生きる道筋が見えてきた。寄宿している熱海の観光温泉ホテルを自分の城として若い頃、日劇大道具出身の経験を生かしてディナーショーの舞台を飾ることができた。ときおり参加する芸人たちと組んで自分の持ち芸を広げる思いがけない手応えを感じることもできた。

もとから浅草の六区の小屋で甘美な夢を抱いていたパン猪狩は熱海のホテルのなかに「あの頃の浅草」をイメ

ージさせた舞台を再生させようと思い描いていた。

熱海の温泉を楽しみに訪れた観光客、それも浅草を知るオールドファンに思い出を甦らせるエノケン・ロッパの時代の空気を舞台に持ち込んだ。活動写真の活弁を再現した。

熱海温泉ホテル静観荘は特異な企画でオールドファンを呼び込んで盛況だった。

そこに、降って湧いたローソク療法だ。芸人が珍奇な医術を開発した事実はマスコミに喧伝された。

しかし、医療に携わる免許もなく治療行為を行なっていて安穏な日々を送っていられる訳にゆかない。

しかし、藁をもつかむ思いで訪れる病人が押し掛けるのも不思議ではない。医術にふさわしい賃金を得ることもできず、たまたまのご祝儀目当てでは拘束自体が重荷になってくる。パン猪狩は芸人なのだ。しかも、老い先短い七十を目の前にしている。

そして、信頼している社長の言葉がガラスの破片のように突きささった。日本を代表する保養地、熱海がゆっくり没落の機運を見せている事実だ。近くの観光旅館の閉館であり超有名ホテルの格安料金というダンピングである。熱海を訪れる団体旅行の波が引いてゆく徴候だ。

浅草の終焉

芸能の発信地、浅草はどうだろう。昭和三十九年から三社祭を、土曜日、日曜日に開催を改めた。その理由に交通事情をあげていたが、本音は神輿を担ぐ人を集めるためであった。三社祭は五月十八日が本祭りに定められていた。しかし、当時の浅草は人が集まらなかった。神輿を小型トラックで回していた。

台東区は新しい住宅表示で公園六区の名を消して浅草一丁目に改めた。

七十二年の歴史を誇った活動写真の元祖、浅草電気館が昭和五十一年三月で閉館となる。おなじく千代田館も無残にも破壊。昭和五十二年、木馬館閉館。五十七年、国際劇場閉館。五十八年、松竹演芸場、常盤座、ロキシー、東京クラブ。全部破壊。

浅草公園六区を賑わしたたくさんの劇場、映画館の建物の形はどれも個性的で確かにここの日本一の娯楽街として永遠に保存する価値があるものと私は思っていた。それが無残にも跡形もなく消えてなくなるとは夢にも思っていなかった。

たとえば、筍を二つに割って伏せた形の三本立て映画館『東京クラブ』を紹介しますとね。
○スクリーンを覆う幕は、もともとの黄金色が剝脱し、くすんだ柿色に変わり表面に埃が付着して汚れが模様になっている。
○スクリーンは縦になん条もの筋が肋骨のように露出している。
○客席の照明は蛍光灯で点くも消えるも一瞬だ。
○スクリーンのサイズが活動写真時代から変わらず、シネスコの映像は郵便ポストの中から覗くような細い映像になる。
○館内の饐え臭い匂いは消毒の薬品の匂いか、もしくは劇場そのものの体臭なのか。
○館内の座席を見てみよう。一階の先頭は左右に四脚ずつ。八人掛け。つぎに十人掛けが二列、段々に広がって全部で百七十六席。二階が百十席。三階が六十四席。全席、三百五十。
○終映時間を調整するため、朝の開始は途中から上映する。西部劇だとインディアンを追って騎兵隊が現れるヤマ場がいきなり映し出される。ほどなく悪は滅び大団円になってTHE　END。
○土曜日のオールナイトには大きな紙袋を下げた宿無し老人が何人も集まる。
○三階席にオカマが出没して客を誘う。ト、言う噂。
哀しいじゃないですか。これで浅草六区の繁栄など望むべくもありません。

東京クラブの支配人は閉館を哀しんでラストショーとして『終着駅』『第三の男』を上映し、ファン感謝のフェスティバルとしました。平成三年十月のことでした。

パン猪狩、懐旧談義

以下は、パン猪狩さんのお話。


アメリカのスポーツマンクラブの男がレスリングはどうだと声をかけられたんだ。その気になって、すぐ、やった。

やって、すぐ警察にあがっちゃったんだ。日劇小劇場で「女のぱくぱく」って題だったんだ。それでパクられちゃった。パクったのが中込判事だ。で、いろいろ聞か

サントリー宣伝誌『洋酒天国』で表紙モデルになったパン猪狩（昭和 33 年）

れた。誰がやったんだ。演出の岡田恵吉がやれって言ったのだな。いえ、あたしがやったんです。いや、そんなことはない。やったのは誰だ。おまえ、ここは警視庁だぞ。おまえが舞台の上で腰つかったり。いや、レスリングってああ言うのあるんです。女がか。妹です。嘘つけ。ショパンと定子が組んだ。レフリーが沢村い紀夫。スポーツショーでクラブを回っていたんだ。先祖から伝わった土地じゃあねえ、勝手に財を成したんだ。あそこのウチは、居候が組合作るくらいいたから、オレのウチとは思わねえ。いつもゴミは一杯で掃除するのはヤだし、泥棒なんかこないよ。

その後、日劇ミュージックホールから声がかかった。あの事件で警察でよく頑張ってくれたと日給が二百円ぐらいあがったよ。

……それからそれへと有為転変。ここは、浅草木馬館の舞台。息子の慶一とのパンショーを再現してみよう。

小さいラッパを吹きながらパンが出てくる。慶一が待っている。（以下、慶一はケとする。パン猪狩はパと記す）

ケ　えー、だいたいこれからはですねえ。リズムがポイントな訳ですよ。

パ　あ、そう。（リズムボックスを鳴らす）いい音だねえ。ああ。いいリズムだ。

ケ　このリズムを使って音楽を作りましょう。

パ　このキカイじゃあ、ふつう、この小屋とは合わねえぜ。

ケ　ココのお客さまの感じで。

パ　かるーく、な。（トライアングルを叩く）チンチン。

ケ　それは、いいの。何やってもダメだなあ、お父さん。こっちィおいで。

パ　なんだよ。
ケ　別におまえが憎くて言うんじゃねえんだ。可愛いから言うんだ。
パ　それは、親が言う言葉だ。（苦笑）
ケ　じゃあ、喋るぞ。
パ　いらっしゃいませ。本日は晴天なり。ただ今マイクの試験中。
ケ　いいよ、そんなの。電気屋じゃないんだから。では、ぼくがギターを弾きます。おとうさんはパッと頭に浮かんだことを唄ってください。
パ　えー。終わってから、カネ貰えるかな。
ケ　よーし。それでいこう。（ギターを鳴らす）
パ　（唄いだす）終わってからカネ貰えるかなあ。明日から、また長い旅に行かなくちゃ。芸人なんてものはセコいよ。知らない土地ばかり転々と歩いて、いつになったら、せまくてもいいや、かかあと子どもの前で、今度の旅は楽しかったよ。面白かった。あそこの町は情があった。よかったねエ。なんてナ。
ケ　なんとなく、歌みたいに聞こえるね。それでいこう。
（ギター哀調に）
パ　ドサまわりの唄だ。おーい。また、出稼ぎかい。

春は三月、桜の花も風に散り、蝶が舞い、鳥が鳴き、のどかなふるさとを後にして。夏は海原、磯千鳥、泣いておくれよ都鳥、金波銀波の波しぶき。秋は枯葉の散る街角で、人の情に縋り付く。知らない小屋から知らない土地を、暗い冷たい、袋小路の人生を、ふみにじられても、ふみにじられても、ふみにじられても。おのれに克てと、おのれに克てと、言い聞かせ。冬は楽屋のすき間風、破れ畳の片隅の、かしわ布団におッくるみ、掛けた茶わんに冷や酒注いで。

義理の浅草、人情の浅草。むかしに返せ、むかしに戻せと叫び続けて幾歳ぞ。泣いて血を吐くほととぎす。神や仏があるならば、所詮、叶わぬ望みでも、おのれに秘めた思いでは、死ぬまで持ってゆこうぜ。道は遠い。道は長い。いかに道は遠くともオレにはオレの果たせぬ夢を、若き倅に託し、あしたこそは、明日こそは。所詮、しがない旅芸人、町の場末の小さな小屋から人の知らないくらい町で、静かに、静かに、消えてゆく…

お客さま、有難うございました。芸人は浅草に住んで浅草を愛していなければなりません。わたしたちパンショーもまた、旅に出ますが必ず戻ってまいります。木馬館を愛しているお客さまのご繁栄とご健康を心からお祈り申し上げます。

芸術祭参加の経緯

熱海の観光ホテル、静観荘は芸能人丸抱えの派手な経営方針を縮小する方針が決まり、パン猪狩も次の職場を模索しなければならなかった。

私は、これほどの芸をもち、人柄もよく、有楽町で一流の舞台を踏んだキャリアを個性を今後、虚しい旅まわりの芸人として埋没することはどんなに辛いことかと思った。いっそ、これを機会に東京に帰りパン猪狩を蘇生させるのだと思って、今年の芸術祭に参加をさせようと提案した。そのプランにパン猪狩は喜んだ。自分の芸能生活を総括させたいと若者のように興奮した。

定評のあるパントマイムをすべて舞台で演じたい。日劇時代にお世話になった矢田茂先生を呼んで意見を聴こう。夢はどんどん広がった。呼び掛けに矢田先生は喜んで演出を買って出た。こんな文章を送ってきた。

終戦後の混乱期に流れてきた、せこい、せこい役者、本人は日劇の大道具をやっていて舞台が好きで、私に言わせたら役者になれっこない奇妙奇天烈な人間だが、いつの間にか日劇ミュージックホールの舞台に、似合うというには程遠い燕尾服を着て登場、やんやの喝采を受けたり、パントマイムとは言いながら、これまた、考えて、考え抜いて解らなかったパントマイムを堂々と一枚看板でドサ回りの劇団の座長に納まったりしたわが最良の友であり、無名というにはあまりにも有名なパントミスト。マルセルマルソーが日本にきたとき、パン猪狩を見て「ブラボー」を連発して楽屋を訪ねて、人間が人間の限界を表現できるすばらしいアクトだ。と賛辞を惜しまなかったのもむべなるかなと思えた。

私と矢田先生は芸術祭参加の舞台作成の準備にかかった。パン猪狩は浅草に戻り、贔屓の援助者の家に寄宿することになった。矢田先生は凝った台本を書いてくださった。

パントマイムも総ざらえした。

「運命」「時の経過」「注射」「マイクロフォン」「玉突き」「首吊り」「枯葉」「切腹」「コンクリート」。

準備万端整ったはずであった。

パン猪狩に意外な行動が見られるようになった。なぜだ。

いきなり日本舞踊の師匠を呼んで特別出演に参加させた。無名の若手を呼んで漫才をさせる。友人の芸人に時間を与える。兄弟のショパン猪狩は断ってきた。妹のイガリサダコも来ない。プログラムは役に立たなかった。矢田先生の台本は稽古場で無視された。

矢田茂先生は過去に日比谷公園の公会堂に仕事をしにゆく際、上から走ってきた若者に激突し、階段に転倒し、四肢の機能が麻痺したままになり車椅子の生活を送られている。

二階の稽古場に車椅子を揚げることが至難の業と陰口が聞えた。折角の台本は飛び入りの人を押し込んだため用をなさない。私にはチケットの売り上げの報告がない。持ち逃げされるんじゃないか、あの男は素人だから言うことを聞く必要がない、ということか。

どうしてパン猪狩はこんなに、唾棄すべき邪悪な行為をはじめたのか。

私たちを疎ましくなったのだ。自分で何でも出来る。慢心が毎日のように見え隠れする。誤った自信だ。

私は貧困で稚拙な発想に腹が立った。たかが小劇場を満員にしたからといって収益を云々させるほどのものではない。しかし、それが理解できていなそうだ。

好意で加わってくださった矢田先生にも無礼な対応が明白だった。出演者と裏方の私との間に気味が悪いほどの葛藤が続いた。私は胃の出血で血便がでた。心臓に差し込むような痛みを感じ、精神状態が不安定になり、歩いていて、なぜか涙がでた。病院に駆け込んだら即、入院になった。すると、この大事なときに逃げ出したと言われた。

病院に矢田先生から電話があった。昔はあんなではなかったのにパン猪狩は年を経て頑迷な幼児に帰ったと嘆いていた。しかし私たちは、ここから撤退するのはたやすいけれどすべての段取りを放り投げて逃げ出すわけにはゆかない。

私は本番の前夜、病院に断って即刻退院した。プログラムの編集はすべて私が行なった。芸術祭の審査員たちは内容の変質に迷われたことと思う。内容は演芸大会の催しに変わりはなかった。

昭和五十九年度芸術祭参加大衆芸能部門
「パン猪狩ボードビルショー」

池袋文芸坐地下　ル・ピリエ

パン猪狩は意気軒高がつづいた。浅草の贔屓の声掛かりで倉庫を改造して居酒屋を始めることになった。私は劇場の決算書を渡し余剰金十八万円を置いてさよならをした。

池袋のリサイタルの縁で、パン猪狩の自叙伝が出版されることが決まった。その出版記念会がどこかのホテルで行なわれた。私にも参加を呼ばれたが行かない。ただし、参加した者から当日の模様は知らされた。何人かの来賓の祝辞があって、いよいよ主賓の登場である。

燕尾服のパン猪狩が演壇に上がり、さて、と周囲を見回し深々と一礼をして、そのまま、演壇のなかに身を隠した。集まった参加者たちは、パンさんのことだ、なにか仕掛けをする、と思ったらしい。全然姿を見せない。じつは、パン猪狩、そのまま崩れ落ちて失神したのだ。会場が騒然としたうちに救急車のサイレンが遠くから近づいてきた。

昭和六十二年十一月十四日。浅草の友人からの電話が鳴った。

「パンさんが亡くなりました」

一瞬、私は「ざまを見ろ。いい気味だ」と思った。

一月前のこと、本人から電話があった。「色々なことがあったけれど、みんな、取り巻きの奴らが余計なことを言っていたんだ。気にしないでくれ。こんど時間を見て家に寄らせてもらうよ。子どもに会いてぇんだ」と言った。私は「もう、来ないでくれ」と電話を切った。それが、すぐ浮かんできた。「ばかなやつだ」苦々しく吐き出した。そして後悔している。

しかし、悪態を吐いているのに、腰から下の両足がぶるぶる震えてそれがとまらない。さらに、涙がこみあげて、これもとまらない。立っていられなくなり、座り込んでしまう。

口で悪し様なことばを投げていて、身体は悲しみに慟哭しているのだ。いつまで経っても震えはとまらない。

パンさんさようなら

運ちゃんに「椿寺」という。ふたつ返事で連れていってくれる。予感どおり、ほら、この急な坂。だから私は湯河原の駅前駐車場にくるまを置いてきた。

ここは境内というより、山を切り開いた中腹、参道というより登山道。息をはずませて上る。一面に椿の木が植えてある。それぞれに木に寄進者の名札がついている。地元の人の名のなかに東京都、佐藤親弘と名がある。テレビの子ども番組でおなじみ、坂本新兵の本名である。椿に囲まれた山道を登ると枝の先から碧い空が広がって、その辺から新しく造成した墓地が雛壇のように頂上にのびている。パン猪狩の墓はこの斜面を切り開いたいちばん前の列。遠い向こう側の山肌に上りの新幹線が通り過ぎるのが見える。

パン猪狩、夫人と浅草・新仲見世を行く

　この新幹線が三十分をすぎた頃、都心の新橋を過ぎ、ここで徐行運転になり日劇の壁面を通過する。日劇ミュージックホールの入り口が目に付く。パンさんはいつも、この上りの新幹線を眺めているわけだ。私と別れて以来、私はあなたと顔を会わさないと心に誓いました。有り余る実力を持ちながら有名になるようでならない大きな波をいくつも体験しながら名実ともに売れるという予感を抱いて死んでしまうものだから。あなたはよく言っていましたね。オレは幻の芸人だって。今頃になって私は、本当だと実感していますよ。あれから平成二年。湊家小亀さん(57)。早野凡平さん(50)。ボンサイトさん(66)。坂野比呂志さん(76)。みなさん亡くなってしまいました。もう、浅草六区を歩いていても誰も会わなくなりました。ローソクで名を上げた天野良昭さん（67）なんか亡くなる前日、病床で「オレなんかウンコのけむりだナ」と言って私とお別れしました。思えばみんな面白い人でした。

（いいだ・かずお）

東映城の姫君と㊙女優出演本数くらべ

最上敏信

男優のつぎは女優になるだろう、という大方の予想に反したかった、のだがどうにも止まらない。映画、特に時代劇では女優の多くは主人公の男優の陰に居るような存在でこれまで意識をしたことがなかった。それが前回、男優しかもこれまでに表に出ることが少なかった敵役の男優を詳細に調べてみるとこれがなかなか面白い。ということでご覧の通りの女優になってシマッタ。

東映城の女優ならば、最初は、三人娘の一人、丘さとみ、になる。一九六〇年に年間二五本という出演記録がある。「少年猿飛佐助（三部作）」の佐助の姉おマアや「宮本武蔵（五部作）」の朱実、などが代表作になるのだろうが、個人的には「港まつりに来た男」のお夕役が好み。またワイズ出版から「丘さとみ　東映城のお姫様」（一九九八年）の中でフィルモグラフィを担当しましたのでよろしければ参考にして下さい。次は櫻町弘子、になるのか。勝浦千浪、と混同しそうな当初の芸名は、松原千浪であった。現存する編集版「新吾十番勝負第一部第二部総集版」には、第一部でお縫役を演じたが、第二部は櫻町本人が病気になったので、急遽、大川恵子が代役になった。そのためタイトルクレジットでは前代未聞の表記、「お縫役」が二人いる。この編集版の映画を観た人は、途中で女優が交代したとはお釈迦様しか気が付かず、話の筋に付いて行けたのか。何故このようになったのかと当時の状況を想像してみる。大川橋蔵主演で久しぶりの大ヒットになった「新吾十番勝負」。営業部側は、これを正月用映画の大本命として「第三部」を是非製作すべきだと主張をしたが、橋蔵本人は、永年企画を温めていた長谷川一夫の代表作「雪之丞変化」を是非正月映画で演じたいと言い出した、らしい。困った営業部側は、第一部と第二部の再映を考えたのだが、二本立てでは、上映時間が余りにも長すぎるということで、第一部の松田定次監督と第二部の小沢茂弘監督に了解を得て？編集版を製作し、急遽年末に間に合わせ公開に踏み切ったのだ。戦後まだ映画の製作本数が極端に少ない時期に、戦前にヒットした映画の改題編集再映版は数多く出現したが、この記念すべき編集版は、恐らく永久に残る珍品映画だ。

話が逸れてしまった。三人目の大川恵子には、書き出し（タイトルクレジット最初に来る俳優名）となった主演作が一本だけある。一九五九年六月一六日公開、隅田朝二監督作品「姫君一刀流」である。いきなり白頭巾姿で現れて、白馬にも乗る大活躍ではあるが、どうみても本人ではなく別の男優の吹き替えが歴然。同時に義姫、町娘、藝妓君竜、酌婦と五変化するものの肝心の武士姿が腰も据わらず殺陣も拙かった。恐らく新東宝の宇治みさ子のように女優の時代劇ヒーローを真似たかったらしいが、低予算でもあり、監督が助監督から監督昇進しての第一作。伏見扇太郎が助演しているものの、試しは失敗に終わったようだ。もう一本大川恵子が印象に残った映画がある。一九六二年三月七日公開、伊藤大輔監督作品「源氏九郎颯爽記秘剣揚羽の蝶」である。当時時代劇映画ではタブーである女優のハダカが出現！　中島貞夫監督「くノ一忍法」「大奥㊙物語」や石井輝男監督「徳川女系図」「徳川女刑罰史」など成人映画時代劇が現れるのはこれ以降のことである。しかも柴田錬三郎原作の源氏九郎・中村錦之助主演作としては加藤泰監督作「濡れ髪二刀流」「白狐二刀流」に続く、三作目。しかも伊藤大輔監督作品としては、この映画の評価は極めて低いが、典型的な娯楽時代劇映画として観ると上等である。中村錦之助は、初音の鼓こと源氏九郎で遠山金四郎役の丹波哲郎は異色。大川恵子は多分というか当然であろうが吹き替えだが、冴姫に扮してばっちりとバックヌードを見せている。子供心にも見えるのか！　とドギマギ赤面す。

女優を意識し始めたのはこれら三人娘より以前に、「笛吹童子」で胡蝶尼を演じた高千穂ひづる、がいる。胡蝶尼役は、笛吹童子の姉妹篇「霧の小次郎・金龍銀虎・魔術妖術・三日月童子」の三部作でも演じているのだが、六十年以上東映チャンネルに熱望しているが原版が存在しないという理由から今日まで放映されたことがない。これら以外の映画で特に印象に残っているのは「新諸国物語紅孔雀（五部作）」の久美、「獅子丸一平（五部作）」の第三部から出演している不知火姫、「曾我兄弟冨士の夜襲」の大磯の虎、などである。同じ時期に、田代百合子もいたが、「笛吹童子」の桔梗や「里見八犬傳（五部作）」の浜路役など、どちらかというと地味な印象しか残らなかった。

そこへいくと片岡千恵蔵の強い推薦もあり、芸名も「千」の一字を貰い、当時若い娘役を欲しがる東映時代劇で最も活躍した女優に千原しのぶ、がいる。なにしろ当時は超多忙であり、出演本数もシリーズものが多いとはいえ、一九五六年には一年間二七本も出演している。初期の代表作は、月形龍之介主演の「水戸黄門漫遊記」で緋牡丹お蝶役に九本。中村錦之助主演「獅子丸一平（五部作）」での千代野、大友柳太朗主演「仇討崇禅寺馬場」のお勝、など、東映時代劇のすべてに出演しているような錯覚がある。以上の高千穂ひづる、田代百合子、千原しのぶの三人は、最初の東映城のお姫様女優。

長谷川裕見子は、俳優船越英一郎氏の母上である。最も印象的な役は、大映の重役でもあった作家川口松太郎が息子の俳優である川口浩のために書き下ろしたといわれる「新吾十番勝負」で演じたお鯉の方で全八作すべてに出演している。大川橋蔵の葵新吾と敵対する月形龍之介の武田一眞の闘いと同時に、この映画の見どころは子を思う母親の気持ち、つまり「母もの」映画ともいえ、大ヒット確実の映画。同時期、花柳小菊や喜多川千鶴がいたが娘役女優というよりも母親役のイメージ

『姫君一刀流』は家城巳代治作品との併映（「朝日新聞」広告）

が色濃くある。

時代劇は、封建時代の出来事なので画像からは男尊女卑が甚だしく女優が活躍する映画は極端に少ない。圧倒的に男優を観るために映画館に来るのでどうしても女優の存在は忘れがちになる。それに女優の好みは男によって大きく変わるのでとても厄介である。そこにいるだけで存在自体が神々しくぱっと明るくなるようなのが女優。当時の観客の中には意識をして女優目当てに映画館へ来る男性も或いは数多くいたのか。

ここで少し視点を変えて、いつものお馴染みの東映の女優さんではなく、どちらかというと外部からお願いをして、東映時代劇に一本だけ出演して貰ったような、特徴のある女優さんたちの映画も結構あった。

「お小夜さん！この娑婆にゃあ悲しいことや辛いことは沢山ある。だが忘れるこった！忘れて陽が暮れりゃ明日になる！」（脚本成沢昌茂）のセリフで有名な「関の彌太ッペ」。そういえば、若い頃、同僚の女性が結婚することになり、その結婚式場へこのセリフのまま涙の祝電を打った。大爆笑の結婚式だったと後に聞いた。で、このお小夜に扮したのが、十朱幸代。リアルタイムで観た時には、レギュラー陣ではないことに違和感もあったが、何度も見返してみると、お小夜は勿論、箱田の森介の木村功や堺の和吉の大坂志郎、田毎の才兵衛・月形龍之介までピッタリとハマっている。脚本成沢昌茂つながりだと内田吐夢監督「浪花の恋の物語」に出演した遊女梅川役の有馬稲子も異色の出演だった。内田吐夢監督の「宮本武蔵（五部作）」での入江若葉のお通も新人ながら異例の抜擢であろう。意識した訳ではないのだが、「沓掛時次郎遊侠一匹」の池内淳子のお絹や「ちいさこべ」の江利チエミ、「真田風雲録」のお霧役の渡辺美佐子、などこれらすべては中村錦之助の相手役であり単独で共演をした女優、といえる。

大スター美空ひばりは、やはり最も偉大な女優である。出演総本数一六五本の内、改題縮尺版を含めて再映が三一本もあるのは驚きだ。他にスターと呼ばれる俳優たちが多くいたとしても、すでに上映済の古モノ映画を観る観客は美空ひばり以外ではいないであろう。さらに新資料が発見された。「美空ひばり幻の映画」として、東典日報二〇一六年六月一五日記載の記事に、神戸映画資料館の安井喜雄氏の証言から、松竹映画「南海の情火」ののど自慢大会に素人歌手として美空ひばりが「涙の紅バラ」を歌うシーンを発見とある。フィルモグラフィにこの映画を追加したが、例えば今後も実現可能になってきたのがデジタル出演。異論もあろうが、鈴木清順監督「オペレッタ狸御殿」で「光の女人」役をも加えた。

さてここで少し東映時代劇女優の出演本数を前回同様に、以下で整理をしてみた。

○花柳小菊…………一六八本
○千原しのぶ………一六七本
○美空ひばり………一六五本
○丘さとみ…………一五六本
○喜多川千鶴………一五二本
○櫻町弘子…………一五一本
○高千穂ひづる……一五〇本
○長谷川裕見子……一三七本
○佐久間良子………一二一本
○藤純子・富司純子…一二〇本
○三田佳子…………一一七本
○青山京子…………一〇〇本
○大川恵子……………九五本
○田代百合子…………八九本
○北条きく子…………六二本
○大原麗子……………五七本

まだ恐らく東映時代劇に出演した女優は以上の方々以外にも多くいるだろうが、キリがないので、ごめんなさい、お名前だけ列挙する。星美智子、宇治みさ子、故里やよい、中原ひとみ、円山栄子、山東昭子、花園ひろみ、雪代敬子、久保菜穂子、三島ゆり子、などです。その他にも多くの女優がいましたが、出演本数が多ければ人気のある女優とは限りません。好みもあるでしょうが、戦前からの女優で名前も知らない女優もいるかもしれませんが、とりあえず時間は結構掛かりましたが出演本数が多くありそうな方を選んでみました。二〇二〇年末の時点の本数であり、あいも変わらずアナログ手法で一本一本数えたので、誤記や洩れがあるかもしれませんが日本の映画女優と思しきベスト二〇は以下の通りです。

【〇一】飯田蝶子　…三三五本
【〇二】浦辺粂子　…三二三本
【〇三】山田五十鈴…二六五本
【〇三】清川虹子　…二六五本
【〇五】田中絹代　…二五八本
【〇六】沢村貞子　…二五六本
【〇七】松浦築枝　…二四一本
【〇八】木暮実千代…二三〇本
【〇九】森静子　　…二二五本
【一〇】鈴木澄子　…二一八本
【一一】花井蘭子　…一九五本
【一二】高峰三枝子…一九〇本
【一三】浪花千栄子…一八八本
【一四】市川春代　…一八五本
【一五】梅村蓉子　…一八三本
【一六】高峰秀子　…一八二本
【一七】瀧花久子　…一七四本
【一七】水戸光子　…一七四本
【一九】入江たか子…一六八本
【二〇】中原早苗　…一六五本

なぜかここで突然、任侠映画が参加する。本誌映画論叢でもお馴染みの永田哲朗氏が任侠映画の完全版集大成ともいうべき「地湧き肉躍る任侠映画」

（二〇二一年・国書刊行会）を完成出版された。余り知られてはいないが、実はこの元になる週刊誌の連載がある。石川県白山市在住の沖野卓哉氏の強い希望で、永田哲朗氏本人より直接コピーを頂戴して仲介した。「実話ドキュメント・男の血が騒ぐ任侠映画（全七四回）」（二〇一一年・竹書房）である。それと較べると私の「任侠スタア列伝・東映任侠黄金時代」（一九九九年・ワイズ出版）など到底足元にも及ばない。さらにもう一冊、元同僚でもあり若くして亡くなった小松雅俊編「東映任侠列伝」（一九八五年・竹書房）の内容は、キネマ旬報日本映画紹介欄そのままで、当時の二七五〇〇円という高額だが、充分価値のある任侠映画の見本のような豪華本だった。

男はある一時期、目の前の現実にいる女性のほかに、まるで熱病のように恋焦がれ憧れた女優がスクリーンにいた筈である。ベッドの上の天井にB全ポスターを貼り付けて、寝起きを共にした女優。銀座シネパトスの女優特集をした時に作成した資料が現在でも手元にある。それが東映・藤純子「緋牡丹博徒」シリーズである。多くの資料は、緋牡丹博徒全八作、というのが定説だが、一九七〇年六月二五日公開「シルクハットの大親分」（鈴木則文監督）、同年一一月二一日公開「シルクハットの大親分ちょび髭の熊」（同監督）の二本は、スピンアウト作品とは承知だが、役名も緋牡丹のお竜であることからこれも含め一〇作品にしたい。

さらに恐らく編集版の56分であることから、一九七七年五月二八日公開「演歌で綴る任侠の系譜」（構成内藤誠）は、自分の作成したフィルモグラフィ以外には正式な映画として取り扱いされていないのが不満である。大映江波杏子の女賭博師大滝銀子に追われるようにして、会社にいわれるまま演じた男まがいのヒロインという虚像を、一刻も速く捨て元に戻りたかったのだろう。

「早速、お控え下すってありがとうござんす。では、手前より伝達仁義を発します。御当家の貸元さん、並びに姐御さん、または御身内御一統さん、陰ながらの仁義はお許しなすって下さい。向いましたる受けびとさんとは初見にござんす。従いまして、やつがれ、生国は、九州肥後熊本は、五木でござんす。未だ一本立ちの身をもちまして、姓名を発しますは高うござんすがお許しなすって下さい。姓は矢野、名は竜子、またの名を緋牡丹お竜、と発します。渡世修業中のしがなき女にござんす。幾末万端、お見知りおかれましてよろしく御引き廻しの程お願い致します。」（加藤泰監督「緋牡丹博徒・花札勝負」脚本・鈴木則文・鳥居元宏、より）

そして藤純子は芸名を改め、女優・富司純子、に生まれ変わったのである。

（もがみ・としのぶ）

【訂正】むつ市の八戸智氏からのご教示により、第57号の進藤英太郎の映画出演総本数は四七二本でした。お詫びして訂正いたします。

映画論叢のバックナンバー

●品切れ　1号／2号／4号／8号／11号
●在庫僅少　7号／14号／16号

【23号】新東宝スタア星輝美／オリーヴ・トーマスの死
【24号】小杉勇・渡辺邦男・中川信夫／久保明インタビュー／万博の映像
【25号】柳川慶子インタビュー／井田探インタビュー／鶴田VS若山
【26号】東宝傍役俳優インタビュー／松竹時代の寺島達夫／争議とヤクザ
【27号】緑魔子＆小谷承靖監督＆柴田吉太郎監督インタビュー
【28号】高宮敬二自叙伝／横浜モダン・北林透馬／日本ロボット映画
【29号】B・クリステンスン研究／中田康子インタビュー／談志追悼
【30号】小森白インタビュー／B・ラ・マール伝／仏家庭映画小史
【31号】伊沢一郎・日活の青春／翻訳映画人・東健而／『殺人美学』再評価
【32号】70ミリ映画女優・上月左知子／土屋嘉男インタビュー／改題縮尺版
【33号】小笠原弘インタビュー／松竹キネマ撮影所／東宝レコード
【34号】阿部寿美子自伝／ラッセル・ラウズ監督再評価／福宝堂完全リスト
【35号】鬼才W・グローマン／アルモドバル本の誤訳／佐々木勝彦語る
【36号】ルーペ・ベレス／東映東京の〝血と骨〟／動物モノの巨匠A・ルービン
【37号】マイ・ゼッタリング／A・ド・トス／ブルーバード映画とロイス・ウェバー
【38号】西村潔〝お蔵入り〟の真相／J・ガーフィールド／『警視庁物語』
【39号】レムリ一族の興亡／原一民のみた黒澤明／ウェンデル・コリー
【40号】映画監督・三船敏郎／ディック・パウエル／和製ターザン樺山龍之介
【41号】河合映画・由利健次／『ファンタジア』／アードマン・アニメ
【42号】『どろろ』映画化／近藤経一／W・ベンディックス／全勝映画大調査
【43号】中川信夫の教育映画／東宝ビデオレンタル黎明期／A・ケネディ
【44号】小倉一郎、村井博のみた加藤泰／東独映画／フォード一家名簿
【45号】大船スタア園井啓介／ジョン・ギャヴィン／新東宝・大貫正義
【46号】『自動車泥棒』・和田嘉訓／帰山教正周辺／ビスタ・サイズの誤解
【47号】大映・小野川公三郎／ヘンリー・コスター／J・ウェインと仲間
【48号】ジョン・ファロー／『ジョアンナ』研究／森下雨村の映画／堺勝朗
【49号】田口勝彦による東映東京／ロリー・カルホーン／スコープ・サイズ
【50号】『二十歳の恋』田村奈巳／『2001年』半世紀／J・チャンドラー
【51号】三上真一郎追悼／『サロメ』女優／ビデオとワイド画面／岸田森
【52号】製作者・奥田喜久丸／カーレースと映画／『一寸法師』映画化
【53号】画家としてのスタア／J・スタージェス／テレビの画面サイズ
【54号】オーディ・マーフィ／オクラ入り『殺人狂時代』／ミスタンゲット

【55号】ジミー・ウォング罷り通る　二階堂卓也／『Gメン対間諜』ロイド・ノーラン　千葉豹一郎／デジタル時代の映画の画面サイズ　内山一樹／英国職人監督ラルフ・トーマス　ダーティ工藤／ジャック・ケニーからみる西部劇　猪股徳樹／道玄坂キネマの想い出　加納一朗／新高恵子は歌手だった　東舎利樹／新東宝全映画追跡調査　最上敏信

【56号】岡本喜八の未映画化作品　小関太一／パラマウント訪問　宮原茂春／旗本退屈男悪人斬り　二階堂卓也／東撮生抜きの監督たち　五野上力／「ムービーマガジン」をご存じですか？最終回　浦崎浩實／浅香光代のストリップ演劇　永田哲朗／西部劇への一視点　猪股徳樹／浅草藝人パン猪狩　飯田一雄／山本周五郎の映画化　最上敏信

【57号】岩崎昶は反骨の映画人だったか？　藤元直樹／楯の會々員が見る三島由紀夫と映画　谷輔次／フィルムIMAXの歴史　内山一樹／興亡「国際活映」のトリセツ　冬樹薫／最後の恐竜・小谷承靖監督　小関太一／ジョン・フォードを巡る俳優たち　猪股徳樹／東映敵役主演本数くらべ　最上敏信／成人映画とスター歌手　東舎利樹

●映画論叢バックナンバーのうち、No.3～No.18まで（各号840円。送料樹花舎負担）のご注文は樹花舎へ。メールあるいはファクスでご注文ください。ファクス：03-6315-7084　メール：kinohana@mb.infoweb.ne.jp
No.19以降は国書刊行会へ。一部1000円＋税。

東映大部屋役者の回想

一寸の虫III やっぱり健さんは偉大だ

鶴田浩二、今井健二、そして……

五野上力

北海の海鵜、そして高倉健

映画という非日常の現場では、概して非常識な事が多々ある。今にして思えば俺もまた、何と危険極まりない行為を演技として敢えてやって来たものだとつくづく感じる。刑事ドラマの夜間ロケで、真っ暗な郊外の九階建てのビルの屋上の落下防止の柵も無い角っ縁に立ち（幅30センチ足らず）、闇の地表の眼下を覗き込んだり、廃墟となった崩落で穴だらけのビルの階上の床を飛び越えたり……、ヤツは高い場所でも平気と見做されて、その様な状況をよく当てがわれた（但し、九階建てのビルの件は監督の演出外で、己れの発案で率先して演った）。或る作品では、俺の少年時代に田舎町の映画館で観ていた『少年期』『まごころ』等の石濱朗と一緒になり、「こんなべらぼうに危ない所、よく平気ですネ。高い所が好きなんですか？」などと感心だかカラカイだか知れない話を交わして笑った。莫迦と何かは……こんな話は問題じゃない。

それこそ尋常ではない或る現場が忘却の彼方から蘇って来る。日本の主役スターは滅多に演らない、どころか絶対的に演らない、下手すりゃ死にかねない危険な演技を敢然として演って退けた若き日の大スターが独り居る。『ジャコ萬と鉄』の高倉健だ。オレが初めて参加した一大地方ロケでの、これは決して忘れ去る事の無いエピソード。撮影地は文字通り北の最果て北海道 積丹《シャコタン》半

五野上力

島、今でこそキングマークのウヰスキー「ニッカ」の余市工場絡みで、頓に有名な奇岩・神威岩の景勝をはじめ著名な観光地だが、当時は只荒浪吠える岬の波止場一つの小漁港と街の宿泊旅館も二軒しか無かった。現場となったのはその宿泊旅館の裏手から積雪の一山を越えて奇岩が群立する岩場だらけの海岸の入り江状になった浜の一角に再現した往時《むかし》の鰊場の「番屋」のロケセットだ。我々無名俳優たちは「ヤン衆《シュ》」と呼ばれた鰊場漁師だ。連日氷点下何十度という気象は所謂内地育ちの人間にとっては幾ら重ね着をしたところで及ばない、聊か辛かった。ましてや往時（物語）のヤン衆の恰好《いでたち》は筒っぽの綿入れ半纏を一枚纏っているだけなのだ。こんな場合いつもの伝だがスタッフ連中は当然完全防寒服だが、演技陣はそうはいかない。

その滞在ロケも間もなく終了という或る日、その全スケジュール中最大のハイライト（などと言葉を飾れない）高倉健（鉄）の極寒の海中飛び込みを撮る時が来た。現地の天候は時折吹雪が襲って来る荒れ模様、幾日間か「天気待ち」をしていた撮影条件だ。——北海の荒れ狂う嵐の最中、押し寄せる大波で転覆の危機が迫る漁船を護る繋留の纜《ともづな》を裸身に抱え込み、荒海の凍波に飛び込むのだ。周知だろうが、高倉健は酒を飲らない。しかし製作部は流石に見かねて、せめて一時なりとも身の保温と活気を願って陶陶酒を用意した。撮影部は「ぶっつけ本番」に備えて緊張を極めた。俺はカメラサイドからやや離れ、フレームに入らないギリギリの場所から高倉健を一途に瞶めた。演出部の段取りを黙って聞く高倉健。やがて彼は、製作部が差し出したカップの酒を一口静かに口に含み、胸の前に一瞬両掌を合わせ、吠える波音に眼を見開き、ガウンを脱ぎ捨てるや褌一本の裸身に抱え込んだ纜もろとも駆け出し、打ち寄せる巨大な壁の様な高波に向かって飛び込んだ。カメラサイドの後方に目白押しになって見守る手空きのスタッフ、出演者たちはみな一様にあッ！と声を上げ、息を呑み、息を詰め、動けずに、漁船に向かって見え隠れする姿を追って震えた。

俺の深奥に今も視えているのは、その朝、山越えの一行とは別に岬の漁港からこの現場で使う漁船に、空船を禁じ誰か目的の場所まで乗り込めとの船長の言に従った俺は操舵室の舷側に摑まり立ちし、10メートル余の荒波に押し上げられ押し下げられして浮き沈みする漁船の状態（目前が波の壁になる）にも、何故か恐怖感が無く（落ちたらアウト）、寧ろ勇壮感が湧き、荒海の真っ只中の奇岩の天辺で襲う波浪の飛沫を全身に浴び乍ら両翼を広げて立っている一羽の海鵜の姿に感動した。その大自然の猛威に動じない気丈さが高倉健のその時の姿にO・Lして離れない。――11月10日、もう一つの高倉健の日がまた巡って来る。

当時のファン雑誌から。高倉健の左に今井俊二（健二）。小林哲子、江原真二郎の顔も

永遠追悼　高倉健の日
　2月16日生誕。11月10日命日

盟優・高倉健と今井健二と…

　今井健二は高倉健と同期のニューフェイスの出身だ。デビュー時の芸名は今井俊二。高倉が小林恒夫の『二・二六事件　脱出』に主演した頃、一方の今井は日高繁明の新婚シリーズ『月給日は嫌い』『最初が肝心』に主演した。後の「警視庁物語」シリーズの島津昇一の『十五才の少女』、他の作品では、飯塚増一の『姿なき暴力』、若林栄二郎の『リスとアメリカ人　廃墟の銃声』等、村山新治の『消えた密航船』では主演、俊二を健二と改名した頃の小林恒夫の『第八空挺部隊　鬼隊長』、同監督の『八月十五日の動乱』でも高倉と共演した。印象的なのは関川秀雄の『鬼検事』での共演だ。

　後年二人の距離はやゝ離れたがそれは東映の路線に依る。そんな中の或る時の現場で、無名俳優

『月給日は嫌い』に主演する今井俊二

は今井が珍しく憤慨している独り言を聴いた。「何で高倉の事は何時でも何処でも「健さん、健さん」で俺には相変わらず「俊二、俊二」なんだよ。オレの名前ちゃんと呼びたくない人なら、半端な呼び方しなくて良いよ、いい加減にしろ！」。この様な場面、諸賢はどうお思いか？　スタッフだって悪意が有っての事じゃないだろ、と仰る？　ところが有るんですなァ、他意ってやつが。兎角、上から目線で俳優たちを見たがるのが彼らの伝統的な習性なのだ。先輩から受け継ぐ、それが己れを格上に見せる、見られる、見えるだろう、というスタッフ根性。スターには須らく阿ること、で間違い無し、これがマニュアル――この様にハッタリカッコの手合いが撮影所にはゴロゴロ、ワンサカ居る、とは思えないでしょ？

世が世ならそんな輩は疾っくに無礼討ちで斬り捨てってもんさ、イヤハヤ。お粗末サマ…。

盟優高倉健と今井健二――『男の血潮がこだまする』（島津昇一）での共演から幾年月、『新網走番外地　流人岬の血斗』（降旗康男）で再び重ねる共演。この作品で、この両優と間近に接した無名俳優。しかし、今井俊二から今井健二へと名を変えた今井の心情…何故？は分からない。

今井健二と五野上力の唯一のおかしな共通点？「半袖のシャツが嫌いなやつもいるし、好きなやつもいるよナ？　俺は大好き。夏冬通して半袖しか着ない。読んだ本は三浦哲郎の「忍ぶ川」が良いねェ！　何故か？　読めば分かるよ」。同じ東北人としてこれは百％同感、無名俳優も幾度も読み返した。半袖シャツの事も全く同じで、或る日或る時の現場、時間待ちでのこの会話が、想い出の奥で現《いま》も笑っている。

「傷だらけの人生」――最後の日本人

周知の鶴田浩二の名歌唱だ。作詞・藤田まさと、作曲・吉田正。俺はこの歌に心酔している。作家・五木寛之は言う。「俳優は、石原裕次郎も倍賞千恵子もそうだが、どうして斯う歌が上手なのだろう」。此処では特に鶴田浩二を語りたい。俺も想う。独断だがそれは先ず、歌手たる者は、自らも言うように当然ながら詞の内容を踏まえ、感情を考え、作り、感情移入をして唱う。しかし、優先するのは音程だ。外さず正確に発声しようと努める。それも当然の事だが、実は此処が鶴田と違うのだ。良し悪し別にしての結果だ。鶴田浩二は歌の感情を考え、作り、感情移入を図る事などはしないし〝構えない〟。皆無とは言わないが、音程がどうとか解釈がどうとかは二の次で、只、「己れ」を歌っているのだ。鶴田浩二そのものが歌の内容であり、人物だという事。俗に歌は3分間のドラマと言うが、映画の現場では、その3分間があれば、一つのシチュエーションの大抵の演技は可能な秒数だ。鶴田浩二はその3分の中で「歌を演技」している訳だが、では一体、歌手たる歌手も及ばない聴者を引きつける力は何処にあるのか？　此処が最も肝心なのだ。それは、紛れもなく鶴田浩二が歩んだ人生に他ならない。一言で済む「生き方」だ。世人がよく間違って使っている「生き様《ザマ》」では無いことは前章で詳述した。余談だが、作家・阿川弘之が、娘の佐和子の或る出版社編集員との電話の遣り取りで「とんでもございません」と言っているのを聞いてツカツカと娘の傍に寄って来て斯う諌めたという。「とんでもございません、という日本語はございません」。普通語でも敬語でも、これは「とんでもない」が正しいという事、日本語とはそうした文法なのだ（阿川佐和子、本人談）。

元に戻そう。鶴田浩二の話だ。唐突だが、次の場面でこの項の締めにしたい。歌の上手い、東撮俳優クラブきっての忘年会スター・須賀良はその当時の委員長だったが、日本映画界の大スター・鶴田浩二最後の顔を目に留めた彼は、クラブの総会で皆に斯う告げた。「鶴さんの通夜に行って来たよ。鶴さんはネ、真っ白い絹のマフラーを首に巻いてサ、口髭を生やしていたよ。それも白くてサ、良い髭だった！　ほら、昔の軍人みたいな顔してサ！　泣けたヨ」――無名俳優はまた想った。鶴田浩二は矢っ張り「侍」として、やん事なき故国の楯、軍人（特攻）として死にたかった「生き方」なのだ、と。――「海軍は、陸軍の様に大尉《たいい》とは言わない。海軍大尉（ダイイ）だ」――家宅を訪れる人があると、玄関に決まって未だ幼い娘たちを正座させ三つ指をついて迎えさせた鶴田浩二。その心根にあるのは何処までも「日本人」だったに違いない。想い起こせば、セリフの中で日本と言う時、ニホンとは決して言わなかった事、しかも「ニッポン」と頭高型のアクセントにして憚らなかった事、等々、それが癖の左肩を一寸落として歩く、照れる笑顔が懐かしい。

「生まれた土地は荒れ放題……」「♪真っ平御免と大手を振って、歩きたいけど、歩けない……」「斯う言うワタクシ矢っ張り、古ーい人間でござんしょうかねェ……」

「俺は偶々斯ういう位置に立った。君たちだってそうだ。特別な事ではない」

無名俳優たちと親しく語った時の言葉、鶴田浩二が遺した俳優道である。

不忘合掌

無名俳優の演技開眼　ケンクマン

無名役者と比べるには差があり過ぎる話だが、敢えての一話。大スター鶴田浩二が演技開眼したのは、昭和二十九年、太平洋戦争敗戦から九年後、名匠家城巳代治が監督した戦記映画、学徒出陣の特攻隊員の手記に基づく名作『雲流るゝ果てに』の時だ、とはつとに有名な伝説のエピソードだ。俺が亡父肇の故郷から出奔上京した前年に、東北本線の町大河原劇場（大劇）のスクリーンで観たのが最初だった。この感動は今も心奥に脈々と息づいている。――ラストシーン・行手の雲間に消えて行く特攻機零戦の機影に打たれるテロップの文字に重なる鶴田浩二のナレーションが観客の目頭を熱くした。「○月○日我出撃ス　身長五尺七寸　体重十六貫　極めて健康」（記憶違いの時は乞謝）

この鶴田浩二が演技開眼したという場面は？　出撃前、募る「生」への強い執着心、本能と耐え切れない苦悩に責められ、特攻機地の裏山で身悶え声を上げ慟哭する鶴田。流れ落ちる涙々、と、ふと泣き止む鶴田、身を起し拳で涙を押し拭うや、すっくと立ち上がる。その顔にもう迷いは無い。吹っ切れた清々しい表情。実に、この演技の、この瞬間！　鶴田浩二は演技開眼を得たのだという。大スターとして君臨した鶴田が、後年、現場に於て何か事がある毎に「演技には寸法ってもんがあるんだよ」と語った「一言名言」も亦、此処から発したのだと知った。大いに納得です。

ところで無名俳優の演技開眼、それにケンクマンって何？　仕方が無い。タイトルに出しちまったから、聴いて欲しい。斯ういう事だ。東撮の裏手の通りに在った二階のある幼稚園。その一階には舞台の有る広い教室があった。そこを借用して、月に二回程幼稚園の休日に、無名俳優たち数名が何か戯曲を選んでは、その演技の稽古場に使わせて貰っていた。それで年に一回程度だが、その幼稚園の舞台で有志の客を招んで一応上演会を行っていた。その劇での事である。その時の上演劇はハンス・ギュンター・ミヒェルゼンというドイツの戯曲家の作品で、岩淵達治訳「ヘルム」という舞台だった。

内容のあらましは斯うだ。ドイツの山岳地帯にある奥深い山林の窪地に集まった四人の元将兵達が、何事か得体の知れない奇っ怪な現象に見舞われる（戦争でも、ここは戦地でも無い）。そこから脱出を図るのだが、その場を離れて行く度にその行く手で一発の銃声が響き不吉な様子なのだが、何かは一向に分からない。狙撃手？　しかし此処は自国だ。敵性国とかでは無い、が、一人去ると銃声が轟き、又一人去ると暫くして矢張り銃声が上がり、静寂が戻る。遂にはケンクマンという上級将校（大佐）と副官将校のレフラー二人だけが残るのだが、そこで、ケンクマンの延々二時間に及ぶ切れ間無しの戦時の回想がレフラーを前に語られてゆく。その中でレフラーも去って行き、やはり銃声が起る。たった独りになったケンクマンのモノローグがまた始まり、進退ならないケンクマンが「レフラー……」と呼びかけ佇ち尽す。

このケンクマン役を五野上が演じ、レフラー役を、後年俳優を休業、賀原夏子の劇団「ＮＡＣ」でマネージャーに転向した上田侑二が演じたのだが、この最終場で「それでは大佐殿…」と言ってレフラーがケンクマンと握手を交わし別れる際の、互いに目を瞶め合う演技に思わず何かが一つに融合する感覚が湧いた。別れ難い切なさが溢れたのだ。上田の目の色にもまたそれが宿った。演技から何かが離れた。だが正しくそれは演技なのだ。――演技開眼か？　後の「特捜最前線」の現場で俺の心身に再び起る事になるのだが……。それから又月日が過ぎ年が流れた或る夜、掛かって来た電話の中で、俺は思わず上田侑二を「レフラー」と呼んだ。「あゝ、大佐殿」。上田侑二は笑って答えた。「お互い苦しかったけどネ、楽しかったよナ、戦友」「そうさ、人生開眼だよ、レフラー」——苦あれば楽あり。映画も亦同じでございます。「ハイ！！　カット」

「名演技をすれば良いんだよ」

総裁こと佐藤肇監督が俺を勇気付け慰めた言葉だ。例える話は違うが、スポーツの世界でアスリートたち、とくにプロ野球の選手の談話に出てくるのは、大事な試合の際のピッチャーの事だ。「色々考えて前の夜は眠れない」。インタビューで答える、皆一様にそう言うセリフだ。人生半分は眠りだとはよく語れる周知の健康談義に出て来るものだが、これは眠ってはいられない無名俳優の多々あった現場の口惜しい涙語り？　の寸話——スターに許されても脇者、とりわけ無名俳優たちにとっては「許されざる者」の命取りにもなりかねない一件。

事件物の或る日の現場。前夜睡眠不足の俺は専門用語のオンパレードの難解（話し言葉にはならない）なセリフに集中度を欠いてNGの連発に陥った。ピッチャーには開き直りはあっても、俳優に開き直りなど無い。言い訳など恥ずべき正当化の何ものでもないからだ。事情の程は斯うだ。前夜、俺の安アパートの真上の二階に住む学生の乱痴気が睡眠の邪魔になり、遂には一睡すらできない状態の儘、それを引き摺ってのセット・インになってしまった事にある。肉体的な事より何より、演技上不可欠なメンタル障碍が災いしたのだ。しかもこの事にはオマケが付く。件のアパートでは、初め二階の一室に長年住んでいた俺だったが、善人家主夫妻の要請を受け入れて当該学生に二階を譲り、自分は一階と入れ替わったのだ。麻雀に熱中する学生よ、貴様の学生としての値打ちの程は知ったこっちゃないが、世が世ならテメエなんざ無礼討ちだ。尤も無礼討ちという言葉すら知るめえがナ。言っとくが、マカリ間違って政治屋（家）などになったら承知しねえぞ、バカ奴が！　失敬、何の事はない言い訳をしてしまったが、話を正常に戻そう。

俺の本番NG3度の現場は、結局昼近い事で「早飯《はやめし》」になり、午後再開という事になった。昼休みどころじゃなくなった俺は何とか平常の集中心を取り戻すことに懸命だった。午後のステージで皆より先にセットに入り、

「取調室」に立っている無名俳優に、昼食から戻った総裁は眼鏡越しに一瞬の笑みを見せて斯う云った。「リキやん、気にするな。後、名演技をすりゃ良いんだよ」。その時の現場の結果は語る価値などないが、この佐藤肇の言葉が後年に至るまで、そして尚現在も一寸の虫・無名俳優の座右の銘になっている。――「親父よ、天津敏を交えて、同名の誼で監督に俺の事よっく礼を言って呉れよナ」

遙拝合掌

『陸軍諜報33』の影武者?

「この立看板、誰?」「千葉真一だろ? 主役だもん」。新宿東映の前に設置された『陸軍諜報33』の写真看板の憲兵を見ているアベックの若い男女の会話だ。しかし、その等身大の憲兵は千葉真(当時、撮影所の連中は斯う呼び、仲間たちはチバちゃん、後年、自らは海外を意識してソニー千葉と名乗った)では無い。では一体ダレ? 微妙にシルエット撮りの立姿の顔は定かには分からないのだ。だが、姿かたちは如何にも軍人(憲兵)の雰囲気に満ちていた。此の憲兵が、監督小林恒夫が数多演出した軍記映画で、その兵隊役ばかり演っていた無名俳優・五野上力だ。勿論この小林恒夫の本篇に於ても憲兵の一人として出ている。

では、この立看板の憲兵を撮ったのは? 小林恒夫の殆どの作品でスチールを担当した名手、古参の藤井スチールマンだ。佐藤純彌の監督昇進デビュー作『陸軍残虐物語』のスチールもまた藤井の担当だった。その名撮振りは他のスチールマンの及ぶ所ではなかった。「リキさん、ほんとあんたぐらい兵隊がドンピシャってやつ、他にいないよナ」。そう言ってくれる藤井を俺も大いに感謝し尊敬した。「この前のスチール、焼けたから宣伝課へ取りに来いよ」。そう言って幾枚もの写真を無名俳優にくれた。『陸軍残虐物語』のラストシーン、軍隊が出陣して征く先頭の軍旗少尉の営門の行進のスチールは映画そのもののシーンよりも優っていた。余談ではないが、この事の話の流れから言うと、後年、藤井スチールマンの後継者的存在に成ったのが「遠ちゃん」と呼ばれて高倉健からも親しまれ、その高倉のオール作品を担当した遠藤スチールマンだ。苗字の中に同じフジの字が入っているのも宣なるかな。だが、その顔もまた藤井スチールマンの壮年時代の顔が斯うだった? と思わす程似ているところがまた頷けた。話を戻して、項題の影武者の表現だが無論本来の意味合いは別だ。しかし、丹波哲郎や鶴田浩二たちの「フキカエ」を随分と演らされて来た無名俳優にとっては、或る種の影武者に等しい。有り態に言えば、凝視すれば？　分かるような分からない顔のこれもまた影武者なのだ。あるいは、東撮で普段顔を突き合わせている連中なら背格好も含めて分かるかも知れないが、百％分かるのは無名俳優本人だけだろう。何故なら、実寸大に伸ばされたこの憲兵の立ち姿は、『陸軍諜報33』の現場でスチール撮りとは別に、藤井スチールマンが独自の演出（状況注文）で俺を単独で何カットも撮った一枚だったからだ。今にして思えば、この写真も含めて五野上力の兵隊写真は総べて人手に渡してしまった執着心の無さが残念でもある。

東京撮影所の時代劇オープンセット

＊　＊　＊

余談

千葉真一が出た所で思い出した事がある。山本薩夫の『にっぽん泥棒物語』で若手の検事を演じた時だ。出番を終えてステージを引き揚げながら、こちらを振り返って言った言葉がある。「社会派の巨匠山本薩夫って言うからサ、俺、初めてだし、どうかな、と思ったけど、意外に演り易かったよ。こっちが演りたいイメージで演らせてくれたし、ちっとも恐い監督じゃない。良い巨匠だよ」。TBSテレビ「キイハンター」のシリーズ番組で「フキカエ」無用の主演アクションスターで鳴らしたチバシンの当時の率直なコメントだ。後年、活躍の場をアメリカに求めてアメリカ暮らしのそのソニー千葉も先年、「俳優引退宣言」を新聞紙上に出してピリオドを打ち、本年遂に亡くなった。

（ごのうえ・りき）

独立系成人映画再考 音楽篇⑤

〝大手〟配給の作品たち

東舎利樹

宮下滋は瀬藤祝「村の共同墓地」（62／33分）、沢賢介『色くるい（68）』などの音楽を担当。その他にも「銀河鉄道999（78〜81放送）」「Dr.スランプアラレちゃん（81〜86放送）」などテレビアニメの選曲や、文明堂のCMソングの編曲などを手がけ、現在は音楽制作会社《ビモス・プランニング》の代表をつとめている。作曲家の菊池俊輔とは日本大学の先輩後輩にあたるらしく、菊池が音楽&宮下が選曲を担当したテレビアニメも「デビルマン（72〜73放送）」「UFOロボ グレンダイザー（75〜77放送）」「ドラゴンボール（86〜89放送）」など多数。なお「Dr.スランプ〜」の則巻千兵衛役などで有名な声優の内海賢二（1937〜2013）が若松孝二の初監督作『甘い罠（63）』に出ているのは、若松が助監督をしていたテレビドラマ「熱血カクタス（60〜61放送）」に内海が出演したという繋がりからだろう。

真木淑夫は創映株式会社が製作し松竹が配給した小林悟の成人映画『黒幕（66）』の音楽や、主演の天知茂が唄う主題歌「影（作詞：岩城かずみ／コーラス：ブラックガイズ）」の作曲編曲を担当しているが、天知のレコードを当時リリースしていた《ローヤルレコード》ではソフト化されず、新たに伊部晴美が編曲したバージョンが1974年にポリドールから発売された1stアルバム「昭和ブルース〜孤独とロマンと恋唄と〜」に収録された。岩城はローヤルからリリースされた市川好郎「レモンスカッシュの恋（66・発売／作曲：真木淑夫／シングル「兄貴を呼ぶ丘」のB面曲）」都島ひろし「霧の夜の女（66・10発売／小鹿ひとみ「アンコ夜舟」のB面曲）」の作詞なども担当。なお、天知の「男が初めて泣いた夜（66・1発売）」「赤い爪（66発売）」上條まり「0《ゼロ》のブルース（66・1発売／高見旬「路地裏のブルース」のB面曲）」岡林信康「お父帰れや（71・6・5発売／シングル「もずが枯木で」のB面曲／註：赤い鳥や高石友也が唄う「お父帰れや」の作曲はすずききよし）」や、三上寛がファンクラブ会員向け限定で100ほど制作したアルバム「十九歳二ヶ月十六日夜。（91・12発売）」に収録された「近親相姦の唄」などの作曲も真木である。

ちなみに『黒幕』と同じく〝ピンク映画専門ではない独立プロが製作し大手が配給した成人映画〟の音楽を手がけた作曲家には以下のような人々が。

大森盛太郎（1911〜1988）は東京府東京市神田区（現：東京都中央区）出身で、海軍軍楽隊を経てジャズのトロンボーン奏者として活動していたが、東京音楽学校の教師だったクラウス・プリングスハイムに作曲を学び、戦後はニューパシフィック楽団やアーニーパイル劇場を経て映画音楽などを手がけるようになり、井上梅次「嵐を呼ぶ男（57）」野口晴康「大巨獣ガッパ（67）」や、児井英生が企画＆青山プロダクションが製作し日活が配給した井田探《もとむ》『女浮世風呂（68）』『秘帳女浮世草紙（68）』江崎実生《みお》『ある色魔の告白 色欲の果て（68）』といった成人映画の音楽を担当し、「日本の洋楽：ペリー来航から130年の歴史ドキュメント①②（86＆87刊）」＜新門出版社＞といった著書も。

小川寛興《ひろおき》（1925〜2017）は東京府東京市芝区新橋（現：東京都港区）出身で、大倉高等商業学校中等科を卒業後に藤原歌劇団合唱部でオペラを学んだのち作曲家へと転身し、服部良一の内弟子（1948〜54年）を経てコロムビアやキングレコードの専属作曲家となり、「月光仮面（58放送）」「仮面の忍者 赤影（67放送）」といった特撮ドラマの音楽や、第7回日本レコード大賞作曲賞を受賞した倍賞千恵子「さよならはダンスの後に」などの作曲、そしてテアトル・プロダクションが製作し日活が配給した土居通芳《みちよし》の成人映画『艶説 明治邪教伝（68）』などの音楽を担当。

永作幸男は藤山一郎「青い山脈」の編曲を手がけたり、「お笑いマンガ道場（76〜94放送）」「ザ・トップテン（81〜86放送）」などのテーマソングや「お笑いスター誕生!!（80〜86放送）」の音楽、そしてゴールド・プロモーションが製作し松竹が配給した斉村和彦の成人映画『新宿の肌（68）』の映画音楽などを担当。なお『新宿の肌』の劇中には津山洋子＆大木英夫「新宿そだち（作詞：別所透／作曲：遠藤実）」が挿入歌として流れる。

坂田晃一（1942〜）は東京府（現：東京都）生まれで早稲田大学高等学院を卒業し、東京藝術大学音楽学部器楽科チェロ専攻を中退したあと山本直純に師事して作曲や指揮を学び、1965「年に箏曲家の野坂恵子（二代目 野坂操壽）から委嘱され作った「箏と室内オーケストラのための小協奏曲」にて作曲家デビューを果たした坂田は、ビリーバンバン「さよならをするために」や、関田昇介の項でふれた伝書鳩「目覚めた時には晴れていた」そして西田敏行「もしもピアノが弾けたなら」などの作曲や編曲を手がけるほか、アカデミー・プロダクションが製作し日活が配給した柳瀬観《のぞむ》の成人映画『魔性の女（68）』や、NHKの連続テレビ小説「おしん（83〜84放送）」大河ドラマ「春日局（89放送）」といったテレビドラマの音楽も担当し、2012年6月にはCD「坂田晃一／テレビドラマ・テーマトラックス」が、2018年11月には「坂田晃一／テレビドラマ・テーマトラックス2」がリリースされた。なお『魔性の女』の主題歌はヒロインである應蘭《おうらん》芳《ふぁん》が唄う「火遊びのブルース（作詞：佐伯孝夫／作曲：鈴木庸一）」で、B面曲「渚の歓喜《エクスタシー》」の編曲は前にふれた竹村次郎。『魔性の女』の撮影・上田宗男は鈴木清順「花と怒濤（64）」の色彩計測などを経て、野口晴康「大巨獣ガッパ（67）」長谷部安春「野良猫ロック セックスハンター（70）」林功「新・ハレンチ学園（71）」などで撮影を。『魔性の女』の照明・三尾三郎は岐阜県恵那郡付知町（現：中津川市付知町）出身で、田坂具隆「どぶろくの辰（49）」島耕二「十代の性典（53）」といった大映作品で照明助手を経験後に日活へ移籍したらしく、内田吐夢「自分の穴の中で（55）」中平康「狂った果実（56）」鈴木清順「散弾銃《ショットガン》の男（61／付知町の護山神社でもロケ）」「殺しの烙印（67）」曽根中生「不連続殺人事件（77／小林恒雄と共同）」といった多数の映画や、岡本喜八が監督したテレビドラマ「幽霊列車（78・1・14放送／ギャラクシー月間賞受賞）」などで照明を担当。

沢賢介『色くるい』（68）ポスター。音楽・宮下滋。アップは珍しく主演の清水世津。左下・祝真理。右下・白川和子

飯島一夫は鴨居羊子&千明茂雄が共同監督した『女は下着で作られる（58）』の音楽を手がけ、春日八郎「源平出世マーチ（66制作／アサヒビールの宣伝用委託盤）」風見保「おまえ（67・5発売）」の編曲や、小海智子が歌う山文製菓のCMソング「みづほ焼デス!!」の編曲&指揮なども担当。なお『女は下着で～』の照明を久米光男と共同で手がけた島百味《しまひゃくみ》（1912～）は福井県生まれで、成瀬巳喜男「怒りの街（50）」「白い野獣（50）」山本弘之「蜘蛛男（58）」などでも照明を担当し、阿部豊「恋人のいる街（53）」マキノ雅弘「やくざ囃子（54）」などには照明助手として、市川崑「東京オ

リンピック（65）」にも照明部の一人として参加。久米光男は東宝砧撮影所照明課（46年入社／50年退社）を経てフリーとなり、亀井文夫「母なれば女なれば（52）」などの照明助手や、勅使河原宏「砂の女（64）」市川崑「トッポ・ジージョのボタン戦争（67）」松本俊夫「十六歳の戦争（76）」などの照明を担当し、平成21年度文化庁映画賞（映画功労部門）を受賞。

真野修は《ローヤルレコード》から発売された北條きく子「港の女」の作曲&B面曲「涙の明石町」の作曲編曲を手がけ、松浦潤『異常者（65）』『痴情の系図（65）』などの音楽も担当しているが、真野の他にも吉野達彌／竹村次郎／猪俣公章／曽根幸明（藤田功）／伊東義太郎／真木淑夫／飯島一夫／岩城かずみ／湯浅浪男／清水正二郎／高宮敬二／天知茂／路加奈子／左京未知子などマイナーともいえる《ローヤルレコード》に関わりのある人物は意外と多く、他にも別名（変名）を使ってピンク映画に参加している人がいるのかも。

保賀秀実は第23回日本音楽コンクールの作曲部門〈声楽曲〉で入選を果たした作曲家で、読売映画社製作の記録映画「秋吉台（59）」「闘魂こめて 読売巨人軍創立三十周年記念映画（63）」や、西沢周基『性科入門 優生学篇（63）』などの音楽を担当しているが、詳しい経歴は不明。

浅田憲司は「京都の夜」などで有名な歌手・愛田健二の父親で「浅田憲司とブルーミュージカルナイツ」を率いて演奏活動したり《京都関西音楽学校》の校長でもあり、同校に通っていた中村公美《ひろみ》のシングル「I THINK SO' TOO〈アイ・スィンク・ソゥ・トゥ〉」の編曲も手がけているが、「I THINK〜」のB面曲「陽ざしの中で」の編曲を担当した〝浅田純一郎〟が浅田の別名義だという説があり、みかど蘭子が唄う千葉隆志（＝西原儀一）『くずれる女（66）』の主題歌「夜の悶え（作詞：西原）」「砂丘に佇《た》つ女（作詞：西原）」を作曲を手がけた浅田純一郎も浅田憲司なのかもしれない。なお『くずれる女』を製作した葵映画は当時関西を拠点（後に東京へ移転）としてピンク映画を作っていたので、京都にいた浅田と接点があっても不自然ではない。ちなみに葵映画は同曲の宣伝用ソノシートも制作しており、《C・T・A（セントラル・テープ・エージェンシー）》と提携して製作&発売したピンクドラマテープの第1作「climax（クライマックス）」にも〝帝蘭子〟名義の「夜の悶え」をテーマソングとして収録。また、西原儀一の自伝「やくざ監督 東京進出」〈ワイズ出版〉によると、みかどは1955年に西原が企画・構成・脚本を手がけたミュージカル「森の石松 地獄の閻魔堂」に出演しているようだ。

正岡三明は前にもふれた俳優・水《みず》

城一狼《きいちろう》（1929〜）のシングル「日蓮大聖人／蓮長とその母（74発売）」やアルバム「日本残侠伝（74発売）」〈キング〉に収録された「河内仁義（水城と共同）」「命の権利書（水城と共同）」「残侠こぼれ花」の作詞を手がけ、東元（＝梅沢）薫『好色坊主 四十八手斬り（69）』の主題歌「好色座頭市 四十八手斬り（作曲：飯田晃久／唄：左京三明）」の作詞も担当。ちなみに「好色座頭市〜」は大映などからクレームがあって改題する前のタイトルである。

松浦潤（小林悟の変名か？）『異常者』（65）。音楽・真野修。男は山本昌平。女優は不明

三木光人（1909から1915頃？〜）は長野県鬼無里《きなさ》村出身で、北里俊夫『野生のラーラ（63）』南部泰三『血だらけの乳房（64）』などピンク映画も何本か製作している《内外フィルム》の社長だが、若い頃は作曲家志望だったらしい。1946〜49年まで発行されていた月刊誌「青年公論」から詩や随筆などを抜粋し大日方明が監修した単行本「昭和千夜一夜《ニホンバンアラビアンナイト》物語〜昭和は遠くなりにけり〜（06・8・15刊）」〈文芸社〉には三木が古賀政男について人物評論をした文章が再録され、今でも鬼無里村の夏まつりや小中学校の運動会で必ず流れる「裾花《すそばな》民謡」は三木が作曲。鬼無里村関連のmixi情報によると、作詞：青年団選定／監修：西條八十／作曲：原山芳秀（＝三木光人）という「裾花民謡」のレコードが村民の募金により制作されたらしいが、盤の実物は未確認。後に鬼無里民謡普及会が作詞&三木が作曲&市川昭介が編曲を手がけた委託製作盤と

思われる都はるみのシングル「(「裾花エレジー」と両A面)」がコロムビアからリリースされ、8㎝シングルCDとしても都が唄う「裾花民謡」が再発されたようだ。「内外特報 1953年11月30日号」の記事などを参考に経歴を簡単にまとめると、上京した三木は《池袋アバン劇場》を経営する北里俊夫と知り合い、総天然色映画「熱帯魚(51?)」を共同製作したが失敗。児玉一三(美人座支配人とあるが、当時の支配人だと思われる森《もり》福二郎が臨時で招いた「児玉ショウ一座」の座頭の事か?)との縁からストリップの興行師に転身し、1953年10月初旬ごろは横浜中華街の《クラウン座》で花電車ショウを演出していたらしく、1958年11月に《内外フィルム》を設立。かつての仕事仲間だった北里にも声をかけ監督に起用した…といった流れのようだ。

貴本《たかもと》絵美は沖全吉(=関喜誉仁)『嬲《なぶ》る(65)』の主題歌「蜂と蜜(作詞:よご英雄/作曲:小谷松実)」を唄っているが、彼女の名前が日方《ひなた》れい子のシングル「ひこう雲(72発売)」〈テイチク〉の作詞作曲、およびB面曲「流れ女のブルース」の作詞としてクレジットされ、清水ゆかりのシングル「川の手慕情(89発売)」〈アポロン〉のB面曲として収録された貴本の「新宿恋みれん」の作詞も貴本自身が担当。また、2004年1月16日に東京郵便貯金ホールで開催された「ハートフル・チャリティー・コンサートVolⅡ」の出演者として岡本敦郎や五月みどりらと共に貴本の名前もある。ちなみに『嬲る』と同じく《扇映画》が製作し渡辺護が監督した『紅壺《べにつぼ》(65)』の主題歌「NIGHT OF TOKYO(作詞:よご英夫(英雄)/作曲:小谷松実)」を唄っているのは〝貴本実子〟だが、貴本絵美の別名か、あるいは彼女の姉妹かも。なお、小谷松は他にも渡辺の『あばずれ(65)』『絶品の女(65)』南部泰三『しゃぶりつくせ(65)』などの音楽も手がけており、『しゃぶりつくせ』には「小谷松実とメトロスインガーズ」として出演も。また、日本テレビの「歌って踊ってテレビにのって」という番組に「小谷松実と楽団」が出演した記録が残っているものの、詳しい経歴は不明。

★主題歌あれこれ★

詳しい経歴が不明な作詞家/作曲家/歌手も多く、他にも南部泰三『しゃぶりつくせ(65)』の主題歌「地獄の口笛」/南部の『スケこまし(65)』の主題歌「紅い薔薇のブルース(作詞作曲:倉田良男/歌:緑川真理)」/糸文弘『色ざんげ(65)』の主題歌「お前は魔女(作詞:園良人/作曲:有馬猛雄)」/経堂一郎『わなの喘ぎ(66)』の主題歌「熱い口づけ」/武田有生『乱気流の悶え(66)』の主題歌「舗道の女(作詞:不詳/作曲:武田有生)」/山下治『好色百科事典 セックス(67)』の主題歌「渚のワルツ(作詞：鳴滝三郎／作曲：長浜守彦）」／三樹英樹『好色番外地シリーズ 色道仁義（68）』の主題歌「曲名不詳（歌：千曲守夫？）」などが。

また、千葉隆志（＝西原儀一）『情事に賭けろ（65）』の主題歌「男の影（作詞：西原儀一／作曲・編曲：吉野達弥）」の歌は代田哲郎という人物だが台本には〝歌：林田光司〟となっており、林田名義で主演した上野山功一（1933〜）の別名義なのかもしれない。

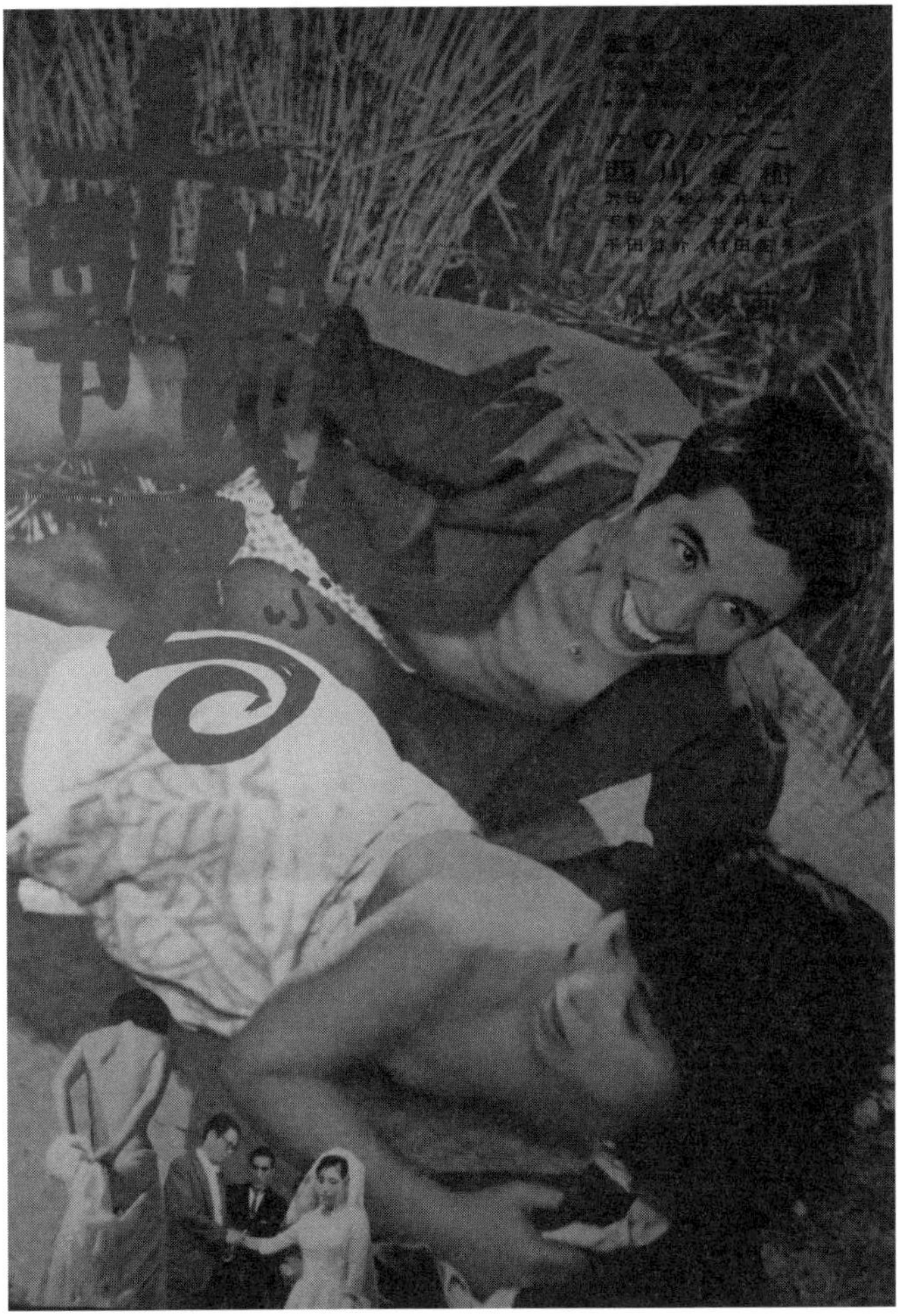

沖全吉『嬲る』(65)。男優は不明。女優は西川美樹か？　主題歌歌唱・貴本絵美

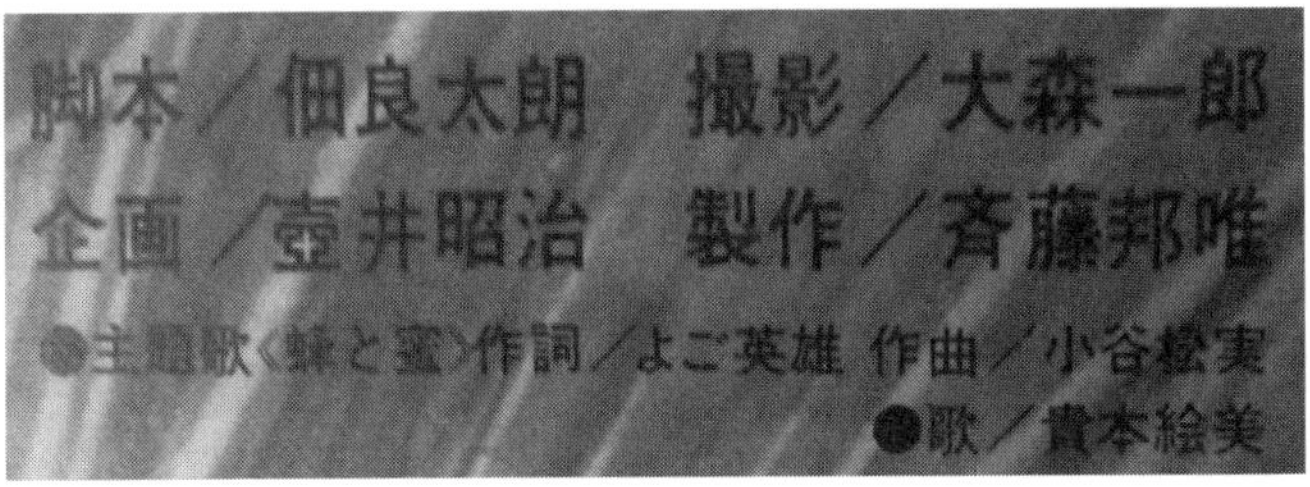

ポスター右上クレジットを拡大したもの。ポスターに主題歌、歌手名のクレジットは珍しい

★音楽編～歌手（主題歌・挿入歌以外）★

前にふれた左京未知子／路加奈子／築地容子／森まこ（＝田村ひろみ）／黒岩三代子／司美智子／内田高子／沢村みつ子などの他にも、独立系成人映画やそれに準ずるような映画への出演歴があり、歌手活動もしている女優は何人かいる。CDで復刻（再発売）されているものもあるが、なかなか聴く機会が無いような例を挙げると…

飛鳥公子（１９４５～）は東京都生まれで河村治彦『やめてくれ（65）』渡辺護『あばずれ（65）』西原儀一『制服の絶叫（66）』などに出ていた女優だが、雑誌「成人映画 13号（１９６６年11月号）」に彼女が吹き込んだ「真っ赤な恋のちぎれ雲／セブンティ・ラブ」が東芝から11月末ごろ発売されるとの記述が。ちなみに彼女と同じ大澤喜代子を本名に持つ〝椿まり〟という歌手（１９４８～）が１９６９年ごろ「花いちもんめ／赤い椿の渡り鳥」というシングルをテイチクから発売したのだが、ジャケット裏のプロフィールに書かれた精華学園卒という学歴も飛鳥と一致するし、生年こそ異なるものの誕生日は同じ10月22日で、歌歴の部分には〝昭和42年4月植村太一氏に師事 現在に至る〟とある。植村は森ミコのシングル「ただ訳もなく淋しくて／あの人のこと（69・9発売）」〈テイチク〉を作曲しているが、同年に彼女が〝森みこ〟名義で東芝からリリースした「つめたい人ね／土曜日はいじわる（69発売／２０１９年に刊行されたミニコミ「円盤のレコブック series 黒ダイヤ人別帳」でも紹介されており委託製作≒自主製作盤っぽい）」の作曲が、前に取り上げた〝植村亨〟なのである。ここからは推測だが、飛鳥は自分が出演した『夜のいたずら（65）』などの音楽を手がけた植村亨と知り合い、やがて師事するようになったのだろう。彼のツテで東芝からデビューしたもののパッとせず、テイチクへ移籍し〝植村太一〟と改名（やはり東芝の委託製作≒自主製作盤らしい谷岡昇「にくい香り／愛されても 愛されても」の編曲なども担当）した植村に伴い自身も〝椿まり〟に改名し、年齢も若干サバを読んで再デビューした…という事なのではないか。もし「真っ赤な～」の作曲が植村亨だと判明すれば、同一人物である可能性はより高まるだろう。

水城《みずしろ》リカ（１９４３～）は「映画論叢40」でもふれたように木俣堯喬率いる《プロダクション鷹》の専属女優だった時期もあり『情婦（66）』『亀裂（67）』『欲情の河（67）』『狂った牝猫（67）』などに出ているが、木俣の自伝「続・浅草で春だった（86・2・25刊）」〈晩聲社〉に「ある日、主演女優の水城リカが…（中略）…出演を断ってきた。理由は、ビクターレコードへ紹介してくれる人があり…（中略）…企画二本のうちの『恐るべき密戯』だけに出演して、私から去って行った」とある。石村エリナ／藤田憲子／水城リカの「歌うパンチ・ガール―夜と朝のあいだに―」というアルバムが1969〜70年ごろ日本コロムビアからリリースされ、全12曲のうち「真夜中のギター」「悲しみは駈け足でやってくる」「今日からあなたと」「恋は花火のように」の4曲を水城がカヴァーしているのだが、ビクターからも水城のレコードが出たのかは不明。ちなみに石村エリナは本木荘二郎が《国際プロデュースセンター》名義で製作を請け負った一般映画「柔の星（70）」に出演し、高木丈夫（＝本木）のピンク映画に出ていた美船〈美舟〉洋子／若山道子らも共演しており、主演の桜木健一が唄った主題歌「柔の星」の作曲は既出の吉野達彌。藤田憲子は井上梅次「雌が雄を喰い殺す 三匹のかまきり（67）」加藤泰「みな殺しの霊歌（68）」などに出演し、前田陽一「進め！ジャガーズ 敵前上陸（68）」ではパンチガールズの一人として出ていたが、初代貴ノ花（第11代二子山親方）と結婚し芸能界を引退するも、離婚後に芸能活動を再開し〝藤田紀子〟と名を改めた。なお『情婦』に記録（スクリプター）としてクレジットされている墨関治は木俣の『女教師の秘密（66）』にも助監督として参加しており、『亀裂』の助監督・関澄夫／『欲情の河』の助監督・澄敏夫／『狂った牝猫』の助監督・澄隆夫なども墨の変名だと思われる。キネ旬別冊の「日本映画人大鑑」によると、墨関治《すみせきじ》（1913〜）は京都府生まれで京都商工専修学校を卒業し、千恵蔵プロ／日活京都／東横映画などを経て東映京都で仕事をしていた録音技師で、野淵昶「怪談牡丹燈籠（55）」伊賀山正光「赤穂義士（57）」佐々木康「旗本退屈男 謎の七色御殿（61）」倉田準二「十兵衛暗殺剣（64）」など多くの作品で録音を手がけているが、マキノ雅弘「日本侠客伝 浪花篇（65）」を最後に名前が消えている。その後は「銭形平次／第323回：その名は呼べない（72・7・12放送）」「素浪人天下太平（73放送）」「ご存じ金さん捕物帳（74〜75放送）」といったテレビドラマで録音を担当しているが、人員整理で東映京都を辞めたあと京都にあったプロ鷹（のちに東京へ移転）で食い扶持を得たのちにテレビ業界で本職（録音）に復帰したのか、すぐにテレビへ移ったが誰かに頼まれたかアルバイト（小遣い稼ぎ？）でピンク映画に参加していたのかは不明。また、木俣の『処女淫夢（80）』遠軽太朗『痴漢名器 奥まで覗け！（96）』などの撮影・岩城利男は深作欣二「宇宙からのメッセージ（78）」の特撮撮影助手などを経て、大川俊道「ブローバック2 夕陽のギャングたち（91）」やテレビドラマ「フィリッピーナを愛した男たち（92・12・11放送）」そして同ドラマの演出を手がけた水島聡が久松静児「南の島に雪が降る（61）」をリメイクした「南の島に雪が降る（95）」などの撮影を担当。

（ひがしや・としき）

敵役かな。

永田哲朗　1931年生まれ。チャンバリスト。「殺陣」は時代劇愛好家必携の一冊。他に「日本劇映画総目録」(監修)「右翼・民族派組織総覧」(国書刊行会）など。新刊に「血湧き肉躍る任侠映画」(国書刊行会)。

二階堂卓也　1947年生まれ。愚妻が私のゾンビ化を恐れて、勝手にガラケーをスマホとやらに切り替えてしまった。それまでの電話とメールで十分だったのだが、よけいな機能が多過ぎる。ま、ボケ防止にはなるかと、悪戦苦闘の日々。

布村建　1936年生まれ。元東映教育事業部長、プロデューサー、演出家。作品に『動物の数は何で決るか』『昆虫記の世界』『春風の子どもたち』『アフリカ友情物語』など。

長谷川康志　1978年横浜生まれ。双子座・AB型。酒豆忌（中川信夫監督を偲ぶ集い）実行委員。座右の銘「人間 いちばん あかん」(中川信夫)

東舎利樹　1966年生まれ。神戸映画資料館で10月に開催された「神戸発掘映画祭2021」にて秋津隆二監督の『さすらいの悶え(73)』が発掘上映。6月に単行本「場末のシネマパラダイス」を出された本宮映画劇場の田村優子さんもトークで登壇された。

冬樹薫　1932年東京生まれ。私が都の西北の頃。夏期講習で文学部の二人長椅子に、ポツネンと座っていると…。頭上に鈴のような声。「ここ、空いていますか？」 鈴声の主は尾崎一雄さんの娘、一枝さんだった。一枝さん、お元気ですか。

最上敏信　1948年東京生まれ。糖尿病を甘くみた！　五輪期間中に緊急入院。遂に血糖値との血闘になった。涙…どうみてもグルメ番組とビールのＣＭは多すぎだろう！　甘い飲料を毎日続けて飲むと即ビョーキになりますぞ！　※これは個人的な見解です！キォツケー？てね。

『映画論叢 59号』の予告

『セロ弾く乙女』 エーリヒ・ワシュネック監督再評価　戸崎英一

これがシネラマだった　最初の巨大映像シネラマの興亡　内山一樹

大衆娯楽のルール　日活歌謡シアターの盛衰　二階堂卓也

英国映画のドン　アレキサンダー・コルダの世界　ダーティ工藤

ルパンの翻訳者　保篠龍緒の「妖怪無電」　湯浅篤志

●好評連載　布村建、奥薗守、最上敏信、猪股徳樹、飯田一雄

【57号の訂正】

「それぞれの俳優人生」 父ボブ・メニィミュールス（Ｐ７）と息子メニィミュールス・サン（Ｐ８）の写真が入れ替わってました。失敬！

執筆者紹介（五十音順）

飯田一雄　1936年生まれ。「にんげん座」の芝居は延期ですることなし。旅に出る。眺望は穏やかな海。蒲郡は小津映画『彼岸花』のロケ地。佐分利信、笠智衆が浴衣で語り合うシーンが印象的。この景色が気に入って三回目の宿。旅の途中、旅役者に出会う。おおみ悠。弁天小僧の芝居で「おれも男だぜ」。可愛い。

猪股徳樹　1942年生まれ。録画をテープに録った時代。次はＤＶＤに。遂にハードディスクに入れっぱなしの時代になった。達成感や、満足感が何も無い。あるのは「いつか観るだろう」の、安心感。はてさて動画配信で映画を観る。観るではなく見るだね。そんな日々。

奥薗守　1932年生まれ。教育及び産業関係の映画、ビデオ等のプロデュース、監督、シナリオを手掛ける。自称、水木洋子の弟子。水木邸のある市川市に在住。

片山陽一　1974年生まれ。9月のＫＡＴ、長塚圭史演出『近松心中物語』は生涯のワースト3に入る出来。『王将』三部作は悪くなかったのに。

川喜多英一　1957年生まれ。辻萬長は「こまつ座」の人として各紙で追悼された。新藤兼人で主演してるのに。オレとしては市川崑作品の印象が強い。『幸福』なんて、完全に特別出演のノリだったよね。

小関太一　1964年生まれ。小谷監督没後一年。生前はオーコメだのイベントだのと利用したのにメーカーの追悼はゼロ。恐竜映画さえ絶版中。本人も楽しかっただろ？コロナにかこつけて黙殺する気か？せめて作品DVDリリースで追悼して欲しいが、相変わらず冷たい昔の職場に怒りを募らせる日々。

五野上力　1935年生まれ。俳優。劇団手織座、松竹演技研究生を経て61年東映東京入社。64年専属契約。初期は本名の斎藤力で出演。多くのアクション映画に助演した。

重政隆文　1952年、大阪生まれ、大阪在住。映画館原理主義者。マスクして消毒して映画館に通う日々。

ダーティ工藤　1954年生まれ。監督・緊縛師・映画研究家。8月27日にワイズ出版、岡田博社長が膀胱がんで急逝。「大俳優　丹波哲郎」文庫版の打ち合わせで1ヶ月前まで話をしていたのでショックだ。本も映画も一緒に作り何度も喧嘩したけど今では楽しい思い出だ。岡田博ありがとう、そしてアデュー！

千葉豹一郎　1956年東京生まれ。作家、評論家。「東京新聞」等の連載の他、著書に「法律社会の歩き方」（丸善）「スクリーンを横切った猫たち」（ワイズ出版）。近年は草創期からの外画ドラマの研究にも力を入れている。

永井啓二郎　1961年生まれ。評判最悪のリメイク版『駅馬車』でリンゴ演ったせいで、アレックス・コードは損したな。こっちを本家より先に見た当方としては、妙に思入れが…。結句、代表作は『最後の手榴弾』の

◆編輯後記にかえて

ヴァネッサ・シュナイダー『あなたの名はマリア・シュナイダー』（早川書房）には大いに期待した…けど、ちょいガッカリ。出演作の大半がスルー。出自と家庭環境のせいか終生にわたって精神不安定だったこと、親父ダニエル・ジェランがイマイチ使えない奴だったこと、ＢＢとの世代を超えた友情、くらいは分ったが…。オレがマリア嬢を好きになった『危険なめぐり逢い』への冷たさにはショック！

従妹である著者はリベラルなインテリで、フェミニズムの立場で『ラストタンゴ・イン・パリ』を叩きたいだけ。でもオレも嫌いな作品なんで、この批判は結構痛快。パゾリーニの世話で売り出したのに、本作からゴダールに色目を使いだしたベルトルッチ。売名行為にスキャンダルを利用しようとする姿勢がマリア嬢を傷つけたのだとすると、やっぱり許せない奴だね。

実のところ本書で一番興味深いのは、マリア嬢よりも、著者ヴァネッサ女史の父親である高級官僚。フランスのエリート階級のイヤラシさを体現してる人物なのだ。国からカネ貰って生き延びてる仏映画界の現状、それによる偏向っぷりをみるに、彼の描写こそが「映画史」的資料かも。

丹野達弥

映画論叢《えいがろんそう》 ㊿58

2021年11月15日初版第１刷発行
定価［本体 1000 円＋税］

編輯　丹野達弥《たんのたつや》
発行　㈱ 国書刊行会
〒 174-0056 東京都板橋区志村 1-13-15
Tel.03(5970)7421　Fax.03(5970)7427
https://www.kokusho.co.jp
装幀　国書刊行会デザイン室＋小笠原史子（株式会社シーフォース）
印刷・製本　㈱エーヴィスシステムズ

ISBN　978-4-336-07290-0 C0374